アラスカ

Voyages of the Inside Passage of Alaska

水口博也
Hiroya Minakuchi

早川書房

アラスカ

カバー・本文写真　水口博也
装幀・本文デザイン　椎名麻美
イラスト地図　沼沢ゆかり

はじめに――アラスカへの道

この本は、ぼくがこれまで二五年にわたってほぼ毎年、少なくとも一年のある時期、アラスカを旅した記録と記憶である。旅のほとんどは、クジラやシャチを観察・撮影することを主たる目的にしたものであったから、船やボートによる旅であり、したがって内陸ではなく沿岸がこの本の舞台である。

一九八二年から、あるいはぼくの生活史のなかで記述するなら、一九七八年に大学を卒業して編集者、写真家として仕事をはじめてまもないころから、カナダの太平洋岸にすむ野生のシャチを継続して観察・撮影しはじめた。ブリティッシュ・コロンビア州の沿岸に浮かぶバンクーバー島のまわりには、島の北側を中心におよそ二百数十頭、南側を中心に八〇頭あまりのシャチが、いくつかのポッド（母子の結びつきを中心にした群れ）にわかれて暮らしている。

なかでも、バンクーバー島北部に位置するジョンストン海峡は、北側にすむ二百数十頭のシャチたちの行動圏の中心として、一九七〇年代初頭から、多くの研究者やジャーナリストが訪れ、その生態の研究がつづけられてきた場所である。ぼくもまた、毎年夏の一時期をジョンストン海峡ですごしながら、野生のシャチの観察と撮影に没頭した。

沿岸一帯は、かつて大陸をおおった氷河に浸食され、複雑にいりくんだ海岸線がつづいている。海はフィヨルド（峡湾）になって陸深く入りこみ、無数の島じまをへだてて、沿岸水路になって網の目のようにのびていく。

島じまには、トウヒやツガなどの針葉樹の深い森が、それぞれの梢《こずえ》をまっすぐに天にむけてそびえ、外海の荒波からまもられた沿岸水路の穏やかな海面が、水辺にまで迫った森の樹々の一本一本を、鏡のように映しだす。

そもそもは、野生のシャチの群れを追ってこの世界に足を踏み入れたが、いつの間にかこうした風景そのものが、ぼくを虜にするようになっていった。学生の頃には南の島じまで長くダイビングを楽しみ、目眩《めまい》さえおぼえるほどの光のなかに広がるサンゴ礁の風景こそパラダイスと感じていたぼくにとって、いつの間にか、針葉樹の深い森が茂る島じまを浮かべる沿岸水路の風景こそが、パラダイスに思えるようになった。

北米大陸の北西岸（太平洋岸）を地図で見ればわかるけれど、フィヨルドや沿岸水路になって複雑に入りくむ海岸線は、カナダ、ブリティッシュ・コロンビア州からアラスカの沿岸まで、とぎれることなくつづく。否、地図で見れば同じように見える地形も、じっさいに旅をしてみると、北へ行くほどいっそう切り立つ山やまや、そこここに残る氷河も多くなって、風景は壮大になっていく。ジョンストン海峡でシャチを観察していた頃から、そのまま北へ旅すれば行きつくアラスカ沿岸に興味を持ったのは、当然のなりゆきだったといっていい。

地球上のいろいろな土地や国の名前が、それぞれ独特の響きとイメージをもってぼくたちの心に響いてくる。現実に即したイメージもあれば、そうでないものもあるけれど、アラスカという地名は、間違いなく誰にでも、野生の原野や極北の氷の世界を思い浮かべさせるだろう。しかし、ぼくがアラスカという土地に抱き、憧れたイメージは最初から、針葉樹の茂る島じまを浮かべた沿岸水路がつづく風景であり、そこにシャチやクジラの噴気が、白く輝いてあがる風景であった。

まだジョンストン海峡でシャチの撮影をしていた時期にも、そこから足をのばしてアラスカまで出かけている。一九八四年には、友人の帆船で、アラスカ州の州都であるジュノーからシアトルまで、沿岸水路だけをたどりながら、一週間をかけて旅したこともある。

ひとつの島、ひとつの水路をぬけても、同じような島や水路がつぎからつぎへと現われては、とぎれることなくつづいていく。いまでこそ、すべての船がＧＰＳを備え、地球上のどこにいても居場所がわからなくなることはなくなったけれど、海図だけで航海していた当時、ほんとうに出口のない迷宮のなかに迷いこんだような気がしたものだ。

ちなみに、ぼくのジョンストン海峡でのシャチの取材は、一九九〇年にひとくぎりを迎えることになる。それまでにおこなわれたアラスカ取材は、ぼくがこの土地と深く関わる、いわば助走期間として位置づけることができるだろう。

そのなかで、ぼくの心象風景に強く刻まれているのは、一九八七年に星野道夫さんとおこなったプリンス・ウィリアム湾の取材である。アンカレジの東方に位置するプリンス・ウィリアム湾は、散在する宝石のような島じまが入りくんだ沿岸水路をつくりだし、ザトウクジラやシャチ、ラッコが数多くすむ内海である。

小さな島での、三週間にわたるキャンプである。ぼくたちは、持ちこんだ小さなボートで沿岸水路を走りまわりながら、そこに広がる美しい風景や出会う動物たちの撮影をおこなった。そのときのようすは、本篇で紹介するけれど、撮影の成果以上に、そのときその場所ですごせたこと自体が、ぼくの人生にひとつのかけがえのないアクセントをつけるものであったことは間違いない。

この取材は、もちろんぼくのはじめてのアラスカ行ではなかった。しかし、その後のぼくのアラスカ取材を形づくっていくうえで、大きな礎《いしずえ》になったこともたしかだ。その意味で、本書もここから書きはじめたいと思う。

一九九〇年に、ジョンストン海峡のシャチの取材にひとくぎりをつけたあと、自身の仕事の柱として、世界の海にすむシャチを、できるだけ広く取材したいと考えていた。こうして出かけた場所は、いうまでもなくアラスカであったり、北欧のノルウェーであったり、アルゼンチンであったり、南極であったりしたけれど、アラスカはぼくのなかで、いつも特別の位置をしめていた。

それまでの一〇年近く、夏にはきまってジョンストン海峡ですごして、針葉樹の森やフィヨルドの風景、あるいは朝にはあたりをつつみこんだ霧が緋色に染まりながら、昇りゆく太陽の光を映しだすさまが、ぼく自身の生活と――存在そのものと――切っても切れない関係になっていたからだろう。

以降は、現在にいたるまで、毎年夏の一時期は、欠かすことなくアラスカの沿岸を旅してきた。本書は、こうした旅の断章といっていい。

旅や取材は、準備を重ねることで実現したものもあれば、ほんとうにふいに機会がやってきたものもある。いずれにしても、旅の足となるいい船と出会い、支えてくれる地元の人びとと出会わなければ、できないものであった。

「啐啄同時《そったくどうじ》」という言葉がある。「啐」とは、成長したひなが卵から出ようとして、卵の殻を内側から幼いくちばしでつつくこと、「啄」とは、いま孵《かえ》ろうとしている卵の殻を、親鳥が外からつつくことを意味する。つまりは、ひなが孵ろうとするとき、親鳥が殻のむこうから助けてくれるように、自分が何かをおこなおうとするときに、機が熟していることをいう言葉である。

ぼくが旅や取材の計画を立てているとき、何度この言葉を思い出したことだろう。もちろんぼく自身が努め、準備に動きまわったことはたしかだ。しかし、それ以上に、それぞれの旅や取材の実現にむけて、まるで見えない力が背中を押してくれていたように思えるのである。

＊

最初にアラスカ取材をおこなってから、すでに二五年がすぎた。本書は、ぼくがアラスカを主題にした、はじめての出版物である。

アラスカについて出版物をつくる考えは、相当以前から心のなかにあった。それには、一九八七年に行った星野道夫さんとのプリンス・ウィリアム湾取材から書きはじめるしかない、と思っていた。

その後、彼とゆっくりすごせたのは、一九九五年のこと。まったく偶然に、カナダのあるホテルで出会ったときだ。

カナダ東海岸のセントローレンス湾では、毎年三月初旬に、海氷上でタテゴトアザラシが出産、子育てをおこなう。この時期、湾の出口近くに浮かぶケベック州マドレーヌ島には、純白の毛皮に包まれた可愛い赤ちゃんアザラシを見るために、多くの観光客がやってくる。観光客だけでなく、多くのテレビ取材や写真家なども、この時期に集まるから、東京でもめったに出会わない知り合いの写真家たちに、島のホテルで出会うことも少なくない。ぼくが最後にこの島に出かけたのが一九九五年三月初旬。星野道夫さんもそのホテルに滞在していた。もちろん、打ち合わせての出来事ではなく、偶然の再会だった。

天候がよければ、毎日タテゴトアザラシの撮影に出かけるのだが、天候がくずれて吹雪く日は、ホテルですごすしかない。その間、にぎやかに人が集まるホテルのダイニングルームの片隅で、彼とぼくは以前のプリンス・ウィリアム湾の取材について、互いのこれからの仕事について、ゆっくりと話した。ぼくが当時考えていたアラスカを主題にした出版物について、一九八七年のプリンス・ウィリアム湾の取材から書きはじめるつもりであることを話したのも、そのときだった。

そのまま何ごともなく時間が流れれば、その二、三年後には、アラスカを主題にした一冊の本ができあがっていたはずだった。しかし、一九九六年、彼は不慮の事故に見舞われる。

事故が起きたカムチャッカのクリル湖は、奇《く》しくもその一年前、ぼく自身が取材で訪れた場所である。ちょうど産卵をひかえたベニザケが、湖面を赤く染める時期であり、それを求めてヒグマが川辺に姿を見せる時期だった。

事故後、多くの人が彼について記事や本を発表するなかで、ぼく自身の筆は、なぜかアラスカから遠去かっていった。しかし、それ以降の取材は、むしろ加速度がかかったように、アラスカにむかっていた。

＊

一九九〇年以降、ぼくの主たる取材地は、アラスカのなかでも南東アラスカと呼ばれる地域に移った。

アラスカ州の一部が、カナダの太平洋岸に細く入りこんだ地域がある。地形的には、ジョンストン海峡のあるブリティッシュ・コロンビア州の太平洋岸の延長として、より壮大な規模で沿岸水路が広がる地域である。ここがぼくを惹《ひ》きつけるのは、先にも書いたとおり、フィヨルドの風景や針葉樹が茂る島じまを浮かべた沿岸水路の風景のゆえではあるが、同時にこの沿岸水路が、北太平洋を回遊するザトウクジラの夏の餌場として、このクジラの生態を深く観察できる場所でもあるからだ。もちろん、この海に定住するシャチもいる。

シャチが住人なら、ザトウクジラは旅人である。ぼくは毎年ザトウクジラが沿岸水路に回遊してくる夏が来るのを待って、南東アラスカの海に出かけるようになっていった。

一方、同じアラスカでも、かつて星野さんと出かけたプリンス・ウィリアム湾はどうなったか。

最初の取材から一年半後の一九八九年三月、巨大タンカーのエクソン・バルディーズ号が、プリンス・ウィリアム湾内で座礁《ざしょう》、四万二〇〇〇キロリットルの原油を流出させた。現在でも史上最悪とされる原油流出事故によって、楽園のように美しい島じまが連なる海岸線は、油で黒く汚れてしまったのである。

一九八七年の最初の取材のあと——八八年はバンクーバー島周辺のシャチをテーマにしたテレビ番組撮影のため、ひと夏のすべてをジョンストン海峡ですごした——プリンス・ウィリアム湾を継続的に訪ねたいと考えていたぼくの思いは、エクソン・バルディーズ号の事故によって、しばらくは叶わぬ夢になってしまった。

ぼくはいつか元どおりのプリンス・ウィリアム湾を訪ねることができればと、毎年、地元の研究者たちと連絡をとりながら、原油汚染からの回復の過程をたずねていた。しかし一方では、思い出と同じ風景のなかへ二度と戻れないのではないか、とさえ考えはじめていた。そのせいもあるのだろう。ぼくはより集中して南東アラスカを取材するようになっていった。

地元の研究者から、仔細に見れば油汚染のあとはまだ残っているけれど、風景は相当に回復してきた、というメッセージを受け取るようになったのは、今世紀に入ったあたりからである。それは、南東アラスカをすでに一〇年にわたって取材し、アラスカのなかで新たな取材地を求めはじめた頃でもある。

二〇〇二年七月、最初に星野さんと出かけてから一五年目にあたるこの年、ぼくはふたたびプリンス・ウィリアム湾に出かけることを思いたった。その詳細については本篇に譲るけれど、漁船を改造したこぢんまりとした船をチャーターして、かつて星野さんと小さなボートで走りまわった海や入り江を見てまわった。

これまで訪ねた世界の多くの場所で、再訪することを願いつつ、ようやく訪ねることができたとき、印象がまったく変わっていることも少なくない。多くの人びとが押しかけるようになって、ほんとうに変わってしまった場所もあれば、長い年月の間に、自分の心のなかの思い出が一人歩きし、イメージだけが膨張することで生じる齟齬《そご》もある。一五年ぶりに訪ねたプリンス・ウィリアム湾は、幸いにもほんとうに思い出のままの風景で、ぼくを迎えてくれた。

その後は、毎年夏の一時期を、プリンス・ウィリアム湾ですごすようになった。そして、かつて星野さんといっしょにキャンプをした浜にも上陸して、ひとときをすごした。

こうしてふたたびプリンス・ウィリアム湾を訪れるようになって三年目のこと。ぼくはかつてキャンプした浜に腰をおろしていた。あたりの灌木《かんぼく》は、以前と同じように、赤や青のベリーを実らせている。浜の横に流れる沢には、以前と同じように、産卵をひかえたカラフトマス（ピンクサーモン）が遡りはじめている。

そのときの、ぼくの心の変化を、どう説明したらいいのだろう。ふっと心が軽くなるのを感じた。かつてキャンプで見たことや話したこと、感じたことを、そろそろ書きはじめてもいいのではないか——そんな考えが、ほんとうにごく自然に湧きあがった。

本書のページをめくってみていただければわかるけれど、全体の取材量からいえば、一九八七年のプリンス・ウィリアム湾の取材は、けっしてたいした量とはいえない。あくまでも本書の、そしてぼくのアラスカ取材のプロローグであり、本篇は一九九〇年以降の、南東アラスカ取材、および二〇〇二年以降のプリンス・ウィリアム湾取材である。しかしそれは、一九八七年の取材をふりかえることができてこそ紡ぎだされるのである。

いまようやく、アラスカをめぐって「書く」旅がはじまった。もちろんじっさいの旅が終わったわけではない。

近年、アラスカの海岸線をたどるぼくの旅は、そのさらに先へ、新天地を求めはじめている。本書は、ぼくのアラスカの海をめぐる旅の一里塚である。

プルドーベイ
北極圏
ベーリング海峡
アラスカ州
フェアバンクス
カナダ
マッキンレー山
アンカレジ
バルディーズ
カトマイ
国立公園
プリンス・ウィリアム湾
ジュノー
ブリストル湾
アラスカ半島
クック湾
南東アラスカ
コディアック島
アラスカ湾

星野道夫さんとの旅

計画は、ある雑誌の編集部のトイレでの立ち話からはじまった。

一九八六年一二月のこと。その頃のぼくは、以前に勤めていた出版社を退社し、フリーの写真家として活動をはじめていたが、日本にいるときには編集者としての職能を請われて、『アニマ』という動物や自然を扱う雑誌の編集に関わっていた。

『アニマ』は、日本ではじめての動物や自然を扱う専門誌として、多くの写真家やナチュラリストが誌面づくりに関わってきた雑誌である。残念ながら一九九三年に休刊になったけれど、いまある程度の年齢を迎えた動物写真家やナチュラリストで、この雑誌に関わっていない人はいないだろう。

そんな編集部に籍をおいていたから、出入りする多くの写真家たちと交流をもっていたが、そのなかの一人である星野道夫さんとは、同じ年代ということもあって、顔を見ればしばらく話しこんですごすような関係がつづいていた。彼が最初の写真集『グリズリー』とそれにつづく『ムース』を、『アニマ』の編集部から発表してまもなくの頃である。

世の中が師走を迎え、あわただしくなりはじめたある日、彼が『アニマ』の編集部を訪れた。偶然にトイレではちあわせしたとき——そのときなぜ、その話が出たのかはよく覚えていないけれど——ぼくから質問したことを覚えている。

「星野さん、プリンス・ウィリアム湾には行ったことがありますか」

プリンス・ウィリアム湾とは、アラスカ、アンカレジの東方に位置する湾である。フィヨルドや小島が散在し、ザトウクジラやシャチなど多くの海の動物が観察できる場所である。とりわけ、北太平洋を回遊するザトウクジラの夏の餌場として、世界的に知られている。

氷壁を背景にカモメが群れとぶ。

そのときのぼくは、クジラの撮影を本格的にはじめてすでに七～八年がたっていたけれど、絶好の撮影地として耳にするプリンス・ウィリアム湾に行ったことがなかった。そこで取材する可能性を考えはじめた時期だったから、すでに長くアラスカを撮影している星野さんの顔を見て、反射的に出た質問だった。

「ぼくもまだちゃんと取材はしたことがないんです」

そう彼が答えたとき、ひとつの計画がスタートしたといっていい。

デスクに戻って、そのつづきを彼と話しはじめたとき、すでに両者の頭のなかに、いずれかの島でキャンプしながら、自分たちのボートで毎日観察に出かけるという取材のスタイルが浮かびあがっていた。それは、これまでぼくが、カナダのジョンストン海峡でシャチを撮影してきたスタイルだったから、けっして無謀なものでも非現実的なものでもなかった。

問題は、準備や取材にかける費用をどう工面するかと、じっさいに計画にむけた段取りをどうするか、である。当時から、星野さんもぼくも日本を離れることが多く、日本でそろって打ち合わせや段取りができる可能性は、皆無に等しかった。

ぼくは、年が明ければすぐに、メキシコ、バハ・カリフォルニアでの三か月間にわたる取材に出発することが決まっていたし、四月の終わりにその取材から帰国するときには、彼のほうはすでにアラスカに出発しているはずだったから、『アニマ』の編集部で出会った日からわずか二～三週間だけが、直接相談できる唯一のチャンスだった。

おたがいの取材費はそれほど潤沢ではなかったから、計画にはどうしてもスポンサーが必要になる。スポンサーに協力を仰ぐためには、取材の成果を何らかの目だつ形で発表できる媒体（雑誌）を用意しておかなければならない。

しかし、話はじつにスムーズに進んだ。当時星野さんともどもつきあいのあった雑誌『月刊プレイボーイ』に相談すると、取材の成果の掲載が約束されたのである。あとは、ボートとエンジンの調達で、それを除けば、ぼくたちのふだんの取材費でも計画の実行は可能に思えた。

『月刊プレイボーイ』が掲載を約束してくれたのは、ぼくたちには大きな追い風になった。当時この雑誌は、開高健さんやC・W・ニコルさんが頻繁に登場して、自然にあこがれる男たちのある種のバイブルともいえるものだったから、ボートやエンジンの提供をお願いする会社への説得にも、有利に働いてくれるにちがいなかった。

一方『月刊プレイボーイ』での掲載が決まる頃には、すでにぼくのバハ・カリフォルニアへの出発が近づいていた。そのために、ボートとエンジンの準備は、ぼくが帰国してから段取ること、そしてアラスカ側で準備すべきものは、四月に星野さんが現地に渡っておこなうことだけを決めて、ぼくたちは別れた。

ぼくが三か月におよんだバハ・カリフォルニアでの取材を終えて、四月下旬に帰国したときには、

ヤナギランの紅がアラスカの夏を彩る。

ボートとエンジンを手に入れる作業を本格的にはじめなければならなかった。

各社に計画の概要を話し、協力をお願いする。このとき、『月刊プレイボーイ』が掲載を約束してくれていたことは、予想通り大きな助けになった。大きな苦労もなく、希望通りのゴムボートと、そのボートにふさわしい二〇馬力の船外機エンジンをそれぞれのメーカーが提供してくれることが、ほんとうにとんとん拍子に決まっていった。

いま思えば世の中が、後に「バブル」とも呼ばれることになる、多くの企業がまだ元気にあふれていた時代であったことも大きな要因だっただろう。先に「啐啄」という言葉について書いたけれど、そのときのようすはほんとうに、ぼくたちが幼いくちばしで卵の殻をやぶって出ようとするときに、目には見えない大きな力が、外側から手助けしてくれているかのように思えた。

それでも、時間だけは確実にすぎていった。約束はされていたものの、じっさいにボートとエンジンがぼくの手元に届いたのは、ぼく自身がアラスカに出発するわずか一〇日前のことである。

もちろんその間に何度か、アラスカの星野さんからは、彼がプリンス・ウィリアム湾について調べたり、人から聞いたりしたさまざまな成果が伝えられていた。誰の口からもでたという「景観がほんとうに美しい」という話が日本で準備をするぼくを大いに鼓舞してくれたり、一方で「雨がほんとうに多い」という話がぼくを不安にさせたりしたものだ。

その間にもうひとつ、ぼくたちの大きな力になったのは、それまで何度もいっしょに旅や撮影活動をしてきた友人のビデオカメラマン伊藤千尋さんが、今回の取材に、サポートとして自費で参加してくれることになったことだ。何しろ、ボートやエンジンは、運ぶだけでもそれなりに人手が必要になる。

ボートとエンジンを、航空貨物便でアンカレジにむけて発送、その二日後、ぼく自身がアンカレジに旅だつ。その日は一九八七年七月二四日、ぼくの三四回目の誕生日にあたっていた。

アンカレジ

成田を出発したぼくは、(日付変更線を越えるために)同日アンカレジに到着、別の便で渡航していた伊藤千尋さんと合流し、星野さんとの合流場所にむかう。

ぼくが日本を出発する直前、「二四日午後二時三〇分、アラスカ航空のカウンター前」というメッセージが星野さんから届いていた。当日フェアバンクスから来る彼との待ち合わせである。

出むいてみると、さまざまなキャンプ用品が段ボールに入れられて、無造作に積まれている。その傍らに、すでに到着してぼくたちを待つ星野さんの姿を見つけた。移動が多く、できる限り荷物をコンパクトにまとめるくせがついているぼくの荷物とは、あまりに対照的な荷物に驚いて、

「これ、飛行機に積んで持ってきたの」

とぼくがたずねると、

「いつもこうだよ」

と星野さんはあっさりと答えた。その年のはじめに、ぼくがバハ・カリフォルニアに発って以来の再会である。

それにしても、アンカレジでしなければならないことは、あまりにも多い。まずは税関へ、貨物便で送ってあったボートとエンジンを受け取りに行かなければならない。それに、これからのキャンプに必要な三週間分の食料と、その間ボートで走りまわるためのガソリンの買い出しである。当初ぼくたちは、この二日間で準備を完全におこなうことを考えていた。

アンカレジ到着当日は、税関でボートとエンジンを受け取るとすでに夕刻で、残りの準備は翌日の朝からおこなうことになった。

夜、ホテルでどの島にキャンプするかを決める。ある程度は、これまでにアラスカと日本の間でやりとりはしていたけれど、ほんとうに膝をつきあわせての相談ははじめてである。

当時は星野さんもぼくも、プリンス・ウィリアム湾について土地鑑はなかったから、地勢についての具体的なイメージは持ちようがない。しかし、海図を丹念に読むことで、現場のおおよそのようすを読みとることはできる。

沿岸水路の朝。

プリンス・ウィリアム湾を海図でながめると、東側は海が比較的広く開けるのに対して、西側は大小の島じまが重なりあうように散在している。小さなボートで動きまわるのであれば、西側の島じまの間のほうが便利だろうし、景観も変化に富んでいるだろう。

ぼくたちは、ホテルの薄暗い照明の下で、星野さんがすでに手に入れておいてくれた海図を前に、その細部まで読みとるように目を走らせていく。

散在する島じまの海岸線は、かつて氷河に削られて複雑に入りくみ、どの島も無数の入り江をそなえている。そのなかでひとつの入り江を決めるのはむずかしい。それでも、ようやくチェネガという島の南東の角にある、ひとつの入り江を選んだ。

入り江には小川が流れこみ、上流に小さな湖がある。小川が近くにあるのは、たとえ飲めるような水でなくても、何かと便利だろう。

しかし、そこを選んだのは、もうひとつ大きな理由があった。チェネガ島の南東の角は、散在する島じまがつくりだす何本もの水路が合流する場所にあたる。水路が合流する場所は、潮の流れがぶつかりあって魚群を集め、クジラやイルカなど多くの海の動物も姿を見せる可能性が高い。

あとは、この場所までどのように荷物を運ぶか、である。ぼくたちは当初、プリンス・ウィリアム湾の入り口にあるウィテアーか、あるいはアンカレジの南に位置するスワードまで車で運んで、あとは小さな漁船でもチャーターしてキャンプ地に運んでもらうことを考えていた。

チェネガ島を南側上空から望む。この入り江の奥がキャンプ地に決まった。

しかし、夏は漁船にとって大切なサケ漁の時期であり、漁師たちにとってはそれどころではない。大金を生み出すサケ漁を休ませようものなら、相当のチャーター料を払わなければなるまい。

結局、水上飛行機をチャーターして、アンカレジから直接キャンプ地まで入ることに決めた。しかし、何しろ荷物の量が多い。ぼくたちが空撮のためによくチャーターしたり、ここで釣り客を運ぶのに使われたりするセスナ機程度では、まったく用をなさない。

翌朝、アンカレジ国際空港のすぐ近くにある、フード湖という湖を訪ねた。ここには水上飛行機のチャーター会社が並び、それらの会社が所有する水上飛行機が、湖面に航跡を残して離発着を繰り返している。とりわけ夏のこの時期、多くの釣り客やハンティングの客たちが、目的の場所ま

海が森の緑を映しだす。

で運んでもらい、好きな日数だけ滞在して、また決めた日に迎えに来てもらうというやり方で利用している。

ぼくたちもこの方法をとることになるのだが、どのタイプの飛行機なら積めるのか。チャーター会社をまわって見つけることができたのはビーバー機で、積載重量一三〇〇ポンド（およそ六〇〇キロ）。かなりの積載量だが、ボート、エンジンという大荷物に三週間分の食料、毎日ボートで走りまわるためのガソリン、それに三人の体重を加えるなら、これでも足りない。

しかし、三週間分のガソリンを一度に機内に積みたくない、というパイロットの言葉にしたがって、最初積めるだけ積んでいき、残りのガソリンは、行程の途中で補給してもらうことになった。

こうして、翌日に出発する予約を入れることができた。ぼくたちがこの会社の飛行機を使うことを決めたのは、ビーバー機を所有していたこともあったけれど、六〇歳ほどのオーナーと、横で働く若いパイロットたちのきびきびした動きに促されてのことだった。

事務的な仕事ではなく、小さな船や飛行機を運行するという、つねに予想外のことが起こりえる仕事のなかでは、キャプテンやパイロットの能力や機転のみが頼りになる。そして、人間の能力や機転の才は、ふだんの動きのなかに現われるものである。

あとは、食料やキャンプ用品の買い出しだが、夜遅くまで開いているスーパーマーケットで買い出しを終えたのは、すでに夜一一時近くだった。そのとき見あげた、金属の光沢にも似た明るさを

3週間分の荷物を積み終え、出発を待つビーバー機の前で（伊藤千尋氏撮影）。

まだ残した空の色あいを、いまでも覚えている。

「明日には出発できないかもしれないね」

と最初に口に出したのはぼくだったけれど、誰もが同じことを考えていただろう。というのは三週間分のガソリンを、大きなドラム缶ではなく、運びやすいように、五ガロン（およそ一八リットル）入りのポリタンクに入れて持っていくのだが、少ない日で一缶、多い日で二缶、平均一日一・五缶を使うとすれば、二〇日間で三〇缶用意しなければならない。

しかし、この日いくつかの店をまわって手に入れることができたポリタンクは必要数の半分に満たず、翌朝からまた別の店を探さなければならなかった。ガソリンが一缶五ドルなのに対して、タンク一缶が一一ドルもするのも計算外であった。

＊

翌朝、すでに準備ができている荷物を持って水上飛行機のチャーター会社へ行くと、若いパイロットたちが、すぐにぼくたちの荷物の重さを計りはじめた。

「準備はできたか」

とせかすようにたずねるオーナーに、出発が遅れる可能性を伝えると、すでに到着していた次の客たちを、先に飛行機に案内していった。その日は日曜日にあたっていて、釣り客も多いのだろう。ぼくたちは、急ぎ町に出てポリタンクを買い足すことにしたものの、必要な数が一軒、二軒の店ではそろわない。ガソリンを満たして運び入れては、また別の店にむけて車を走らせていく。そんなぼくたちを見ながら、オーナーはさらに次の客を、スタンバイさせはじめている。

こうして、結局正午をまわった頃、オーナーは
「もう今日は無理そうだから、明日にしよう」

と切りだした。延期は、誰にとっても残念なことにはちがいなかったけれど、ぼくはこのばたばたした準備で何か大きな忘れものをするのではないかと気がかりになりはじめていたので、むしろ安堵を覚えたのも事実だ。結局その日一日をかけて、残りの作業をかたづけて、翌日一番に飛びたつことになった。

落ち着いて昼食をとったあと、残りのガソリンを買いそろえる。こうして一息ついたときだ。

シャチの海を行く。

星野さんが「ちょっと寄りたい場所がある」と立ち寄ったのは、郊外にある彼の友人宅だった。気軽な挨拶をすませ、むかった倉庫のなかで、斧やシャベルなどキャンプに便利なものを集めはじめた。そして最後に大きな布製のバッグを引っぱりだした。おさめられているのは、折りたたみ式のカヤックだという。

もしもフライトを延期しなければ、こうした道具類も持っていけなかった。それだけでも、一日延期をしたかいがあった。同時に、この新規の荷物の重量を、パイロットはどう計算するのかという思いがよぎったけれど、あえてそれ以上考えないことにした。

すべての準備を終えたときには、夕方の七時をまわっていた。まだまばゆいほどの太陽が、アンカレジの町を照らしていた。

＊

翌朝は前日にもまして、雲ひとつない快晴である。早朝からチャーター会社に出かけて、決めてあったビーバー機に荷物を積みこんでいく。前日に、ひとつひとつの荷物の重量を計ってからも荷物は増えているが、パイロットは気にもかけていない。一キロ単位で荷物の重さを計算していたぼくたちは、少し肩すかしされたような気がしたけれど、追加の重量が問題にならなかったのは何よりの幸いだった。

大物はボートとエンジンだが、それ以上にやっかいなのは、三〇缶分のガソリンである。ぼくた

急峻な山やまと氷河が、アンカレジとプリンス・ウィリアム湾を隔てている。

ちは結局、次回補給分として、ちょうど半分を残していくことにした。

エンジンがかかり、プロペラが風を切りはじめる。後部座席に座ったぼくは、一息つきながら、前部座席のパイロットと星野さんのシルエットになった頭ごしに、湖面の風景をながめていた。

桟橋から離れた水上飛行機は、ゆっくりと湖面の中ほどまで来ると、一気にエンジンの回転数を高めて滑走を開始する。かすかに体が浮きあがったかと思うと、それまで聞こえていた水上飛行機のフロートが水を切る音が消えた。

ビーバー機は、満載の荷物をものともせず、速度と高度をあげていく。飛びたった湖とアンカレジの町並みが、後方に流れるのを見おろしながら、ぼくはこのときすでに、長い準備が報われたような気がしていた。

黄昏の沿岸水路で。

キャンプへ

アンカレジを飛びたったビーバー機は、途中氷河をいただいた峰々を越え、およそ二〇分ほどでプリンス・ウィリアム湾の上空にさしかかっていた。眼下には、凪《な》いだ海に宝石のような島じまが浮かぶ風景が広がりはじめている。

アンカレジが晴れていても、途中の山のためにプリンス・ウィリアム湾では厚い雲がかかっていたり、雨が降っていたりすることが多い、と聞かされてきた。しかし、今日は飛行機が山を越えても、天気は崩れることなく、まるで箱庭のように広がる湾の風景が、輝くような夏の光のなかに浮かびあがっている。

ぼくは、ひとつひとつの島の海岸線をたどりながら、それまでの二日間眺めつづけた海図のなかの地形とくらべていた。上空から見る島じまは、いたるところに深い湾をつくり、そのいずれもがいいキャンプ地になりそうに思えた。

遠くには、湾を囲むように、氷河をいただく山やまが連なっている。プリンス・ウィリアム湾全体が、外から隔離された桃源郷に思える。

湾の西側で、南北にのびるのはナイト島。ほかのどの島よりも複雑に入りくんだ海岸線を見せ、また比較的大きいこともあって、島の背骨のようにのびる稜線は、雪で白く輝いている。この島ひとつ探検してすごしても、飽きることはないだろう。

飛行機はナイト島の西側にのびる水路（ナイト島水路）に沿って南下をつづける。やがて目的のチェネガ島が、視界の右側に見えはじめた。島は、ナイト島水路をはさんでナイト島と相対する格好で浮かんでいる。

空から見るナイト島水路は、チェネガ島の南側で、いくつかの大小の水路と交差する。この交差点の真ん中には、星屑のよう

森の朝。

な六～七個の岩礁とも呼べるほどの小さな島じまが顔をのぞかせて、風景にいっそうの変化を与えている。プレアデス（「すばる」のこと）諸島という名は、じつにそのたたずまいにふさわしい。

交差する水路を流れる潮流がぶつかりあい、そこにあるプレアデス諸島が、潮流をさらにかき乱す。その一角にクジラやシャチが集まってくるさまが想像できる地形である。

ぼくたちの飛行機は、プレアデス諸島の上を右に大きく旋回しながら、チェネガ島にむけて高度を落としはじめた。予定のキャンプ地は、島の南東の角にのびだした岬がつくりだす入り江である。この岬に立てば、プレアデス諸島も望むことができ、おそらくはそのまわりの海にクジラの潮吹きがあがるのを見ることもあるだろう。

ぼくはパイロットに、キャンプ地の上空を二、三周旋回してくれるように頼んだ。キャンプを設営する場所を決めるうえでも、あたりを広く見ておきたかったからだ。

見下ろす入り江の奥には草原が広がり、草原はなだらかな斜面になって、島の中央部にそびえる山につづいていく。草原の一角には、海図のうえで確認していた湖があり、細い流れをつくって入り江に注ぎこんでいる。この流れに近い草原は、絶好のキャンプ地だろう。

パイロットは、ぼくたちのＯＫの合図とともに、入り江にむけて高度を落としはじめた。みるみる海面が近づき、やがて着水したフロートが後方にしぶきをあげはじめると、飛行機は一気に速度を落として入り江の奥で停止した。

夜空を飾る「すばる」のように、沿岸水路の風景を飾る小島群プレアデス諸島。

入り江には、ところどころに大きな雲のようにかたまった魚群の影が見える。産卵をひかえたピンクサーモン（カラフトマス）で、早いものはすでに、湖から注ぎこむ流れのなかを遡りはじめている。

水面に魚が群れる風景は、不思議に見る者の心を満たすものだ。ぼくはその風景だけで、これからのキャンプが充実したものになるように思えた。

飛行機から荷物を浜におろすと、パイロットは一〇日後に残りのガソリンを運んでくることをぼくたちに伝えて、ふたたびコックピットに座った。エンジンの音とともに、プロペラが風を切る音が静かな入り江に響きはじめる。

向きを変え、鏡のような海面に航跡をひいて滑走をはじめた飛行機は、軽くなった機体をまた

ホエール湾で。

たく間に上空に持ちあげると、空の彼方に消えていった。これでしばらくは、ぼくたちは外界から隔絶されてすごすことになる。

すべての荷物が浜のひとところに積みあげられると、思いのほか多い。ぼくたちは浜とキャンプを設営しようとする背後の草原との間を、何往復もして荷物を運ばなければならない。その作業をようやく終え、それぞれがテントを張ったときには、すでに午後も遅い時間になっていた。

「ボートの試運転をしておこう」

誰からともなくあがった案は、すぐに実行に移されることになった。ゴム製のボートをポンプでふくらませて、船外機をとりつける。それは、もう何年もジョンストン海峡でおこなってきた作業だったから、さほど手間どることなくボートの形ができあがっていく。

海に浮かべたボートのエンジンを始動する。ところどころでカラフトマスが跳ねる海面を、全長四・二メートルのボートは飛ぶように走りはじめた。

＊

天気のことだから、誰にも文句はいえまい。到着日の快晴が嘘のように、それからの一週間、空は鉛色の雲におおわれた。断続的に雨がやってくる日もあれば、しとしとと降る雨が一日つづく日もある。

少しでも晴れ間がありそうなら、そのときだけでもボートを出して撮影に出かけようと、たびた

氷河から崩れた氷塊が打ち上げられた浜でティータイムを楽しむ（伊藤千尋氏撮影）。

び空を見あげては、厚い雲の動きや風の流れをたしかめる。海に出ることができないときは、わずかな雨の切れ間に、キャンプのまわりの風景や植物の撮影をしたり、持参したカヤックを漕いだりと、それなりに楽しい時間をすごしていた。

こんなとき、最大の慰めは、ぼくたちがこのキャンプに入ったときに目にしていたカラフトマスの群れだった。釣りをしてすごすことができたし、同時にその成果は、ぼくたちの胃袋を満たしてくれた。

このカラフトマスも、日に日に入り江に注ぎこむ流れを遡上する数がふえていく。浅いところでは、背の上側半分くらいを水面から出して、力いっぱいに尾びれで水を蹴りながら、流れを遡っていく。その数の多さにぼくは、キャンプに入ってから重ねた日数を感じていた。

静寂のなかにクレバスが崩れる轟音が響く。

氷河にて

ようやく薄雲から太陽がのぞいたのは、キャンプに入って一週間後のことである。この日、ぼくたちは近くにある氷河に出かけることにした。

キャンプのあるチェネガ島の裏側は、デンジャラス水路と名づけられた細い水路――各所の暗礁が多くの船の航行をさまたげてきたのだろう――で、その対岸はアラスカ本土（つまりは大陸）にあたる。地図で見れば、島じまにくらべてひときわ高い山やまが連なり、そこにある氷原はまるで無数の腕をのばすように、いくつものフィヨルドに向けて氷河を押しだしている。

キャンプのあるチェネガ島の南岸に沿って西へとボートを走らせる。途中チェネガ島の海岸に、いくつかの建物の跡が見えた。キャンプのある入り江から、二、三キロ西だろう。かつての村の跡である。

一九六四年三月二七日、まだ雪と氷に包まれたアラスカ南部を、マグニチュード九・二の大地震が襲った。押し寄せた津波は、入りくんだプリンス・ウィリアム湾のなかで、高さ二五メートルにもなって沿岸水路を駆けぬけ、村人たちをのみこんでいった。

たかだか二十数年前の出来事である。深い森にかこまれた村の跡は、いま夏の光のなかで、まるで置き忘れられた箱庭に見えた。

ボートを走らせる水路は、やがて大きく左右にわかれはじめる。右へ行けば、チェネガ島の裏側にあるデンジャラス水路になり、左は目的の氷河へとつづくフィヨルドである。

このあたりから、海の色はグレーシャーミルクの青磁色を見せはじめる。山の斜面を氷河が流れるときに、岩々を削りとってできた細かなシルトを溶かしこんだ色である。

手を水につけるだけで、水温が一気に下がったことがわかる。キャンプの入り江で摂氏一〇度あった水温は、四度になった。

ボートは、切り立つ岩壁にはさまれたフィヨルドを奥に進んでいく。すでに昼近い太陽を受けて、岩壁が黒銀の光沢を放っている。この岩壁も、かつて悠久の時間をかけて流れた氷河が、削り、磨きあげたものである。

進むにつれて、海面に大小の氷塊が姿を見せはじめた。海図では、比較的まっすぐにのびたこのフィヨルドの最奥に氷河がひとつ、その途中で右に枝分かれしたフィヨルドの奥に別の、さらに大きな氷河があり、いまも海に向けて氷を押しだしつづけている。

ぼくたちは、右側のフィヨルドの奥にある大きな氷河にむかうことにした。ボートは、進むにつれて海面を満たしていく氷の群れをさけながら走っていく。

浮氷上で休むゼニガタアザラシ。

二本のフィヨルドが分岐する場所で、せりだした岩壁の角を大きく右に曲がったときだ。ふいに視界が開け、青く光を放つ壮大な氷河の風景が目をとらえた。

遠望する左右の峰の間で、海から屹立《きつりつ》する氷の壁は、そのまま稜線にまでつづいていく。その上は、鋼青の輝きを見せる無窮《むきゅう》の空が広がっている。

万年の雪や氷の重さに押されて、目には見えない速さで流れつづける氷の河は、谷筋でおり曲げられ、岩塊にねじ曲げられるたびに亀裂が刻まれる。亀裂は無数のクレバスになって、氷河の表情をいっそう険しいものにしていた。

氷の大河を吹きおろしてくる風が、頬を刺す。ときおり大気を震わせて渡ってくる遠雷のような響きは、どこかで氷塊がクレバスへ崩れ落ちる音だ。

やがて、浮氷帯がぼくたちの進路を阻んだ。氷は、光を千々に反射し、透過させ、あるいは屈折させて、不思議の国の万華鏡のようにきらめいて見える。

ぼくたちは二〇馬力の船外機をつけたゴムボートを砕氷船がわりに、浮氷を押しわけながら氷河に近づいていく。尖った氷片がゴムをこするたびに、切り裂くような不吉な音をたてた。それでも、しばしば後退しては、もっと氷の少ない場所を探さなければならなかった。

浮氷のうえでは、ゼニガタアザラシの群れが惰眠《だみん》をむさぼっている。ボートが接近すると、誰何《すいか》するように顔をあげ、一瞬ためらいの表情を見せたかと思うと、大慌てで水のなかに姿を隠した。

氷河から崩れ落ちた氷塊は、砕け、夏の光に融けて、さまざまな造形を見せた。

フィヨルドの入り口で四度あった水温は、すでに一度まで下がった。

ぼくたちは、浮氷帯の只中に浮かんでいた。氷は、ささやくように、ぱちぱちと音をたてている。かつて氷のなかに閉じこめられた空気が、いま氷が夏の光で融けるにつれて弾け出る音だ。それは、何万年もの昔に封印されたタイムカプセルである。

一見すべてが静止しているように見える浮氷群は、中に入ってみると、氷河が融けた水がつくりだす流れや渦にのって、止まることなく動いている。流れがいつの間にか、ボートを氷河のほうへ引き寄せていた。

壮大な風景は、見る人の距離感を麻痺させる。そして、いつの間にか、巨大な氷壁が見上げるほどのところに迫っていた。氷壁は、クレバスから射しこむ太陽を透過させて青い光を放ち、その

氷の小塊の落下が大崩落を誘う。

前を舞うカモメたちの白をいっそう鮮やかに際だたせる。無数のクレバスが刻まれた氷河の表面はささくれだち、尖塔の群れとなって、地球の内部からつきだした鉱物の結晶にも見える。

理屈ぬきで見る者を圧倒し、原初的な感動を呼び起こす風景である。こうした風景を前にして喉からこぼれ出るのは、絶叫ではなく、むしろ嗚咽《おえつ》にも似た低い唸《うな》りである。

しばらくの間、ぼくは惚《ほう》けたように氷の風景に浸っていた。ふと気がつくと、小さく砕けた氷が、白糸をひく滝のように氷壁を流れ落ちていく。

それにつづいて、氷棚で微妙なバランスを保ってとどまっていた小さな氷塊が、この惑星の引力に抗うのをあきらめたかのように落下した。途中で氷壁の凹凸にぶつかって砕けながら、最後は小片になって海に降りそそぐ。

落水しても波さえ起こさず、その音は風の音にかき消された。しかし、ふだんいっさいの動きを止めている氷の河に起こるかすかな動きは、ときに大崩落の前兆になる。ぼくは反射的にエンジンのギアをリバースに入れて、氷壁から離れた。

ふいに大気を切り裂く音が響き、氷壁に一条の亀裂が走った。裂け目を一気に引きはがすように、巨大な氷塊が海にむかって倒れはじめる。氷壁の裂け目からは、砕けた氷が白い粉塵になって弾け散る。

雷鳴に似た轟音をあげて落下する氷塊は、水とも氷ともつかない飛沫をあげて海中に没していく。

落下の勢いをかって海面下に消えた氷塊は、水中では浮力による反動で海面から盛り上がり、生き物のように蠢《うごめ》き、のたうつ動きを見せる。

カタストロフィーは、ささいな不均衡から導かれるのが常だ。一か所の崩落は、海に突きだして切り立つ壁の微妙な均衡を崩して、新たな崩落を誘う。氷河のなかに閉じこめられていたエネルギーが一気に解き放たれるかのように、つぎつぎに氷壁は裂け、大小の氷塊が白煙をあげて落下していく。

海中に沈みこむ氷と、海面から突きだす氷とがぶつかりあい、互いを砕きながら凍てつく海面を沸きたたせる。

この混乱のなかで、海面がふくれあがったかと思うと、小山のような波が氷の群れにおおわれた海面を渡っていく。それは、波濤《はとう》にエネルギーを乗せて勢いを誇示するものではなく、牙の鋭さを内に秘めながら、さえぎるものをのみこんでいく力を内包した動きである。

やがて、ぼくたちの目の前の海面が大きく盛り上がり、津波のような波が、ぼくたちのボートを氷塊もろとも持ちあげて渡っていった。

沿岸水路の黄昏。

シャチの贈りもの

プリンス・ウィリアム湾では、日程の半ばをすぎても、空をおおう厚い雲をながめながら、キャンプで雑談をしてすごす時間が減ることはなかった。

そもそもこの取材は、この海を夏の餌場にするザトウクジラを撮影することをおもな目的にしていた。キャンプでゆっくりと話してすごすのは、それはそれで楽しいが、クジラの撮影は他のどの動物のそれ以上に、長く海にボートを浮かべ、撮影の機会を待たなければならない。最初のうちは多少気長にかまえていたぼくたちも、やがてわずかな雨の切れ間にも、ボートを出すようになっていった。

雲の切れ間を見てボートを出すのだが、すぐにまた別の雲が空をおおう。そして、ふたたび降りはじめる雨のために、早々にキャンプに帰らなければならないこともしばしばであった。

チェネガ島に設けられたキャンプ。背後の小川にはカラフトマスが遡上する。

一方、キャンプ地の選択は間違っていなかった。南にむかって開けた入り江は、強い南風が吹いたときだけ、ボートを浜に上げる手間を惜しまなければ、安全な停泊地といえた。

それに、入り江に注ぎこむ小川には、日ごとに多くのカラフトマスがのぼりはじめている。体の半分近くを水から出して浅瀬をいくマスを、いくらでも手づかみできるほどだ。じっさいに手で持ちあげるとどのサケも、雌では卵が、雄では白子が、ほとばしるようにあふれ出た。

島にはクマ——グリズリーではなく、小型のアメリカグマ（アメリカクロクマ）——もいて、各所で糞を見たし、遠くを歩く姿もときおり目にしていた。しかし、直接の接触は起きることはなかった。

ところで、キャンプでは火をたくときに、釣っ

流れを遡上するカラフトマス。

たサケを煙でいぶして、燻製《くんせい》をつくっていた。ある日、アルミホイルに包んで置いてあった三匹分が、海からキャンプに帰ったとき、すっかりなくなっていた。アメリカグマの仕業かと思うものの、そのまわりの荷物はいっさい荒らされていない。

ちなみに、ぼくがジョンストン海峡に面した島ですごしていたときには、人がキャンプを離れているときや早朝に、アメリカグマが何度もキャンプを襲った。そのときの惨状といったら、なかった。

食料は、クマが登れないように幹を鉄板で巻いた樹上に保管していたのだが、それでもわずかな食べかすや、食器についた油などの匂いがクマを誘ったのだろう。クマがやってきたあとのキャンプは、あらゆる食器やフライパンなどが散乱し、燃やすためにまとめていた紙ゴミまでが、まき散らされる始末である。

それにくらべれば、サケ三匹を盗んだ犯行の跡は、あまりにきれいだ。結局クマ以外の容疑者はあがらず、真犯人を特定できないまま事件は迷宮入りになった。

もうひとつ、このキャンプ地の有利さをあげるなら、何よりクジラやイルカの通り道に近いということだろう。海図に見たとおり、ぼくたちがキャンプをおいたチェネガ島の南東の角は、島じまの間にのびるいくつかの水路が合流する。つまりは、こうした水路を行き交う動物たちの、一大交差点をのぞむ場所にあたっていた。

小さなボートは沿岸水路を旅するかけがえのない足になった（伊藤千尋氏撮影）。

ぼくたちはボートを出すと、まずはこの交差点の真っ只中にボートを浮かべて、それぞれの方角にのびる水路に双眼鏡をむけるのがおきまりの作業になっていた。じっさいにザトウクジラの噴気や、ブリーチ（ジャンプ）による巨大なしぶきがあがるのを目にすることも、めずらしいことではなかった。

ちなみに、こうした水路にボートを走らせるとき、ぼくたちの目を楽しませてくれる主役はイシイルカである。体長二メートルほど、黒と白のツートンカラーのずんぐりとした体つきのこのイルカは、エンジン音をききつけると、どこからともなく数頭が現われて、ボートについて泳いだ。

体を左右にたおしながら、力強い動きで、競うように海面下を駆けぬけていく。めまぐるしく進路を変え、ボートから離れたかと思うと、次の瞬間にはへさきについて泳いでいる。

海面ごしに見る黒と白の体は、北の国の鈍色《にびいろ》の海面によく似合う。南の海で見るイルカたちのように、全身を空中に躍らせるジャンプを見せることはないけれど、呼吸にあわせて背中が海面を割るたびに、カーテンのような特徴的な水しぶきをたてるのが、彼らなりの流儀である。

ぼくたちが乗っている、海面からの高さがない低いボートからほんとうに手が届くほどのところをイルカたちが泳いでいく。そのために、彼らの訪問は、いつであってもぼくたちを夢中にさせた。ただし、ボートのへさきを先導するように泳ぎながら、浮上してしぶきをあげたときには、ぼくたちはもろにそのしぶきを浴びなければならなかった。

邂《かい》逅《こう》

キャンプをはじめて以来、それぞれに楽しい時間がすぎたものの、回復しない天候と、まだ十分な数のクジラに出会っていないこともあって、撮影の進み具合はけっして順調といえるものではなかった。星野さんもぼくも、ザトウクジラの撮影という目的は堅持しながらも、掲載を約束されていた誌面づくりを確実なものにするために、このキャンプで出会うものすべてを、より広く撮影す

ナイト島水路を行くイシイルカ。

るという方向への軌道修正を迫られはじめていた。

ある日の午後、ぼくたちは対岸のナイト島まで飲料用の水を汲みにいこうと、雲の切れ間にキャンプからボートを出そうとしていた。高い山を持つナイト島には、雪渓から流れる清流がつくる滝がいたるところにあって、キャンプをはじめて以来、ぼくたちはその水を飲料用に使っていた。チェネガ島との間の水路を横切ること一五分くらいの行程である。

キャンプから、ボートを係留してある浜に出たときのことだ。沖に黒い背びれがふいに浮上するのが見えた。肉眼では遠く、また一瞬のことであったため、それが何であったかわからないが、クジラの仲間だろう。

双眼鏡でたしかめると、やがて最初に背びれが見えた場所に、ふたたび鎌型の背びれが浮上した。間違いなくシャチだ。

高い背びれを誇る成長した雄のシャチならば、ときに一頭だけで泳いでいる場合もあるが、雌や若い雄ならば、まず単独ではないだろう。近くの海面に双眼鏡を走らせると、ひとつ、ふたつと、別のシャチが浮上した。浜からでは全体の数はつかめない。ぼくたちは大急ぎでボートの準備をはじめた。群れは、ちょうどこの入り江の正面を、東にむかって進んでいる。

シャチを観察しはじめれば、いったいどれだけの時間をボートの上ですごすかわからない。とりわけ群れを追いつづけるときには、行動を観察しながら日が暮れるまで撮影をおこなうのは、カナダ、ジョンストン海峡で何度も経験していることだ。ぼくたちは大急ぎで、余分のガソリンと多少の軽食と水を積みこんだ。
準備している間にも、つぎつぎに新たなシャチの背びれが海面に姿を見せた。浮上したシャチが背中を連ねて泳ぐさまは、海面に黒い波が渡っていくように見える。一頭は、背びれの高い雄だ。

必要なものが積みこまれ、もやいを解かれたボートは、エンジンの音を響かせてシャチの群れにむけて走りはじめる。あたりの空は明るさを増している。しばらく雨はこないだろう。

シャチは一〇頭ほどの群れで、チェネガ島の南側をプレアデス諸島に向かって泳いでいる。一団になった群れは、比較的規則正しい間隔で海面に浮上して、呼吸を繰り返したあと、それぞれが背中を弓なりに曲げて、海中に消えた。

彼らが海中で動きをそろえて、それまでのコースを泳いでいることは間違いない。ぼくたちは、シャチたちが海面に残した波に向けてボートを走らせつづけていた。

やがて海面を割って、先頭をいくシャチが噴気をあげると、たてつづけに群れの全員が浮上し、ふたたびそろって海面を泳ぎはじめる。とりわけ雄が浮上するときには、まるで剣を天にむけて突きたてるように、高い背びれが海面から突きだした。

休息中なのだろう。シャチの群れはコースとリズムを変えることなく、浮上と潜水を規則的に繰り返しながら泳いでいた。

シャチとの穏やかなひととき。

ぼくたちのボートは、すでに速度を落として、近づきはじめていた。群れからある程度の距離を保ちながら、エンジン音を低く落として併走すれば、シャチたちの行動にほとんど影響を与えないことは、これまでの経験から十分に承知している。

ちなみにプリンス・ウィリアム湾にも、「レジデント」と呼ばれる、もっぱらサケやマスを食べてすごす群れと、アザラシやイルカなど海獣類を襲う「トランジエント」と呼ばれる群れが共存する。いまぼくたちが目にしているのは、その規則的な泳ぎからして、レジデントだろう。トランジエントであれば、いつも予想のつかない泳ぎで、観察者を惑わせる。

針葉樹の森が茂る島じまを背景に眺めながら、シャチの群れにあわせてボートを走らせる。それは、ぼくにはほんとうに慣れたはずの作業であったけれど、ジョンストン海峡とはくらべようがないほどの風景の広がりや、森の背後に屹立する雪渓をいただいた山やまの風景に、いま自分が新たな冒険に挑戦しているような気分にさせられたものだ。

＊

群れがプレアデス諸島に近づいたときだ。ふいに、一頭の若いシャチが、海面に体を躍らせた。あまりに急な出来事で、ぼくたちのカメラは間にあわなかったけれど、それがシャチたちが行動を変えるきっかけになった。

彼らは泳ぎを速めていく。そして泳ぐむきを左に変えながら、チェネガ島とナイト島の間のナイ

風を読み、波を読み、海図を読む。今日はどの入り江を訪ねるか（伊藤千尋氏撮影）。

ト島水路を北にむかいはじめた。

変化はそれだけではなかった。これまで密集した群れで泳いでいたシャチが分散しはじめる。背びれの高い雄を含む六、七頭はそれぞれが分散して、水路のナイト島側を、三頭は一団となってチェネガ島側を泳いでいく。

分散した六、七頭は、魚群を追いはじめたのだろう。浮上と潜水の間隔は不規則になり、これまでにない荒々しい泳ぎを見せている。散開した群れを追うのはむずかしい。ぼくたちは、チェネガ島側の三頭にボートをむけた。若い雌たちだ。

彼女たちが、身を寄せあっているからといって、先ほどまでと同様に休息をつづけているわけではなかった。先ほど海面に体を躍らせたのが、このうちの一頭かどうかはわからないが、動きは活発になり、ときに体をぶつけ合いながら泳いでいく。

黒と白の跳躍

ひとしきり彼女たちの泳ぎを追ったあとだ。一頭の雌が仲間からわかれて、ぼくたちのボートに体を寄せた。

ボートの真下を泳ぎながら、片方の目で海面のボートを見上げていく。そのとき彼女は、おそらくは舟べりから突きだして海中を眺める三つの顔を、海面ごしに認めていたはずだ。

海中をいくシャチは、尾びれも動かすことなく、まるで動きを止めているように思える。それでも彼女は、進むボートの真下から離れることなく、ボートとの併走を楽しんでいる。

ためしに舵をきってみても、彼女がボートの下から離れることはなかった。ゆっくりとボートの影から出るときは、きまって浮上して呼吸をするときである。

艶やかな黒い背中を、舟べりから手が届くほどのところに浮かべて、息を噴きあげる。彼女が風上に浮上したときには、彼女が噴きあげた噴気が、風とともにボートを包みこみ、生きもの特有の生ぐささが鼻をついた。そのときぼくたちは、シャチが吐きだした息を呼吸していた。

ぼくたちは、このシャチがボートの横に浮かびそうになるたびに、カメラを構えるのだが、たいていはシャッターを切る前に、レンズにシャチの噴気がふきつけられるのである。そのうちに、ぼくたちのだれもが撮影をあきらめて、自分の目でこの貴重な時間を楽しむことになった。

彼女が見せた行動のなかでも、とりわけぼくたちの興味をひいたのは、ボートの後方で、スクリューがたてる波や渦を顔に受けながら泳いだことである。泡が渦まいて顔をなでて流れていくのを心地よく感じていたのかもしれない。ボートのすぐ後ろで、呼吸にあわせてシャチの背びれが浮上する光景を、事情を知らない人が目にしたら肝を冷やしたかもしれない。

やがて、ボートの真下から離れた雌のシャチは、ボートのすぐ横の海面に浮かんだ。そして体を横に倒して、海面に突きだした片方の胸びれを、海面にふりおろして水しぶきをあげる。いったん姿勢をもとに戻すと、今度は反対側に体を倒して、もう一方の胸びれで海面をたたきつける。そのたびに、あたりには爆《は》ぜるような水音が響いた。

この行動が、いったい何を意味するのか、誰にもわからない。しかし、このシャチがぼくたちと同様に、その瞬間、ある種の意識の高まりを感じていたことは間違いない。

いったい何度、シャチはこの行動を繰り返しただろう。そして、はじめたときと同様に、じつに唐突にシャチは行動を変え、他の二頭に向かって泳ぎはじめた。

そうしようと思えば、ぼくたちはさらにシャチの群れを追うことはできただろう。しかし、そのときの彼女の様子は、明らかにぼくたちとの遊びの時間が終わったことを伝えていた。

ぼくは不思議に満たされた気持ちになっていた。このときの、数十分にわたる雌のシャチとのひとときは、まるで彼女からの贈りもののように思えたものだ。

そのあと、ボートをあえて前に進めることはなかった。遠去かるシャチたちの後ろ姿を眺めながら、ぼくたちはチェネガ島の沿岸をキャンプにむけて戻りはじめていた。

胸びれが海面をたたく音が響く。

キャンプを去る日

　キャンプ最後の夜、明日の朝食べる分だけを残して、ほとんどの荷物をまとめおえた。といっても、食料自体はほぼ底をついて、キャンプ用品と空になったガソリンのタンク、それにボートとエンジンがそのほとんどである。ただし、タンクの数は、キャンプの行程の中ほどで、全体の半分の量を運んできてもらったから、ぼくたち自身が運んできたときの倍にふえている。

　迎えの飛行機が来る予定の朝、最後にわずかに残ったシリアルでの朝食をすませると、テントやボートをたたみ、すべての荷物は浜に積みあげて、あとは飛行機が来るまで浜に腰をおろしてすごす。ちなみに、このキャンプを通して朝食にしたシリアルに使ったのは、粉ミルクをナイト島の沢の水でといたものだった。

　相変わらず雲が空をおおってはいるものの、この日が雨でなかったのは、何よりの幸いだったといっていい。

キャンプに入ったときにくらべて、入り江に群れるカラフトマスの数は、ずいぶん減った。一方で、川辺には、産卵を終えたマスの骸《むくろ》がずいぶん多く横たわるようになった。ぼくたちが毎日夢中で、ボートで走りまわるうちに、いつの間にか夏は盛りをすぎていた。当初にくらべれば、日が暮れるのもずいぶん早くなった。

今日はサケ漁も休みなのだろう。入り江には漁船が一隻、錨をおろしている。若い男性が二人、それに一方のガールフレンドと思われる女性が一人。とりわけ女性の色鮮やかな服装が、船上の雰囲気を、日本の漁船とはずいぶん違うものにしている。

船の横にラッコが一頭浮かんでいると思ったら、漁船の別のクルーがドライスーツを着て海に浮かんでいた。このあたりの漁船は、船が転覆したり海に投げだされたりしても冷たい海のなかで体温を保てる、サバイバルスーツと呼ばれるゴム製のスーツを備えている。あるいは、このサバイバルスーツを試しているのかもしれない。

それにしても、のどかな朝だ。これまでボートで海に出ることができない時間を、長くこの浜ですごしてきたから、あたりの写真をすでに十分すぎるくらい撮影している。あえて今日カメラを出す気もしない。

並んで腰をおろして、言葉がとぎれたとき、浜に寄せるさざ波の音に混じって、カモメの鳴き声

森の贈りもの。

が渡ってきた。その瞬間、それぞれがこの三週間で目にしたもの、心に感じたものを反芻《はんすう》しているに違いなかった。

ときおり遠くの空から聞こえてくるエンジンの音に耳をすます。しかし、いっこうに近づいてくる気配がない。音は、そのうちに遠去かり、やがて聞こえなくなってしまう。

考えてみれば、アンカレジや途中の山の天気が、ここと同じとは限らない。予定通りの時間に迎えに来てもらえるのは、アラスカという土地のなかでは、むしろ幸運と思わなければならないのかもしれない。

正午近くになって、それまでにない近さから飛行機のエンジン音が聞こえたかと思うと、北側から一機、キャンプの頭上の相当に低いところを横切っていく。ぼくたちが手をふると、飛行機は左右に機体を傾けて、ぼくたちに合図をしながら、南にむけて飛び去っていった。それは小型のセスナ機だったから、ぼくたちの迎えの飛行機であるはずがなかった。

「今日は来ないかもしれないね」

ぼそりと誰かが口にしたけれど、その時点では誰もが同じことを考えていた。と同時に、ぼくたちは真剣にその日の夕食と、場合によっては翌日の食料について考えなければならなくなった。

幸い燃料のガソリンは、三缶分を残している。ふたたびボートの梱包を解き、組みたてる。それにさほど時間はかからない。

キャンプ前の入り江で。カヤックと釣り竿1本が、何日分の夕食を提供したことだろう。

入り江にはまだカラフトマスが群れているものの、それらは少し前から釣るに値しなくなっていた。彼らの体にある栄養分はすべて卵や精子になって、脂肪分を落とした肉は食料としてふさわしいものでなくなっていたからだ。

もしも入り江に停泊している漁船が、獲ったサケをまだ持っているのなら、わけてもらおう。ぼくたちは、その交換条件にガソリン二缶分を申し出ることにした。

漁船にボートを横づけし、挨拶を交わして事情を説明する。ぼくたちの申し出は快諾されて、ほとんどのサケはすでにおろしてあったけれど、残りのなかからベニザケを二匹ボートに投げこんでくれた。そして、ボートを始動しようとするぼくたちに、

「冷たい飲み物はどうだ」

サケ漁の季節。

と、ビール四本をスーパーマーケットのビニール袋に入れて手渡してくれた。
結局、この日はそのまま暮れはじめた。ぼくたちは海岸にふたたびテントを張る。夕食は、一匹のベニザケを三等分してのサーモンステーキとビール。それは、予定外ではあったけれど、それなりに贅沢なキャンプでのディナーになった。

＊

翌日の早朝、ぼくたちは射しはじめた太陽の光に目覚めた。少なくともキャンプ地は、前日よりいい天気である。急ぎテントをたたんで、残り一匹のベニザケを、前夜と同様に料理して朝食にする。このとき、荷物の片隅にわずかに残っていたコーヒーのおかげで、朝食は充実したものになった。

夜、たき火を囲む。火は、どれほどの人の心を照らしだし、慰めてきたのだろう。

飛行機のエンジン音が、キャンプの背後の尾根から聞こえてきたのは、それからまもなくのことだ。見覚えのある、白地に青い線で彩られたビーバー機が姿を見せた。

飛行機は翼を左右に二度、三度揺らしながら、キャンプ上を通過、入り江の先で大きくUターンすると、海面にむけて高度を落としはじめた。着水し、エンジンを切って顔をのぞかせたパイロットは、前日はアンカレジとの間の天候が悪くて、時間を変えて三度飛んでみたが、結局山ごえができずに引き返した、という。

来たときにくらべればはるかに少なくなった荷物を積みこむのに、さほど時間はかからない。休むまもなく飛行機は、それまでぼくたちがボートの停泊場所にしていた入り江に航跡を残して、滑走をはじめる。

窓の外には、チェネガ島の風景が後方に流れていく。いったん入り江の外へ、南にむけて加速した飛行機は、上昇をつづけながら旋回して、キャンプのあったチェネガ島の上空を北にむかった。

三週間にわたって、小さなボートで走りまわった島じまや水路の風景が、眼下に広がっていく。たずねた入り江のひとつひとつ、シャチやイルカを追った水路の一本一本が、まるで箱庭のように見えた。


（このときの取材の成果は、『月刊プレイボーイ』一九八八年一月号で「ふたつのレンズの見たアラスカ」として掲載された。）

YAMAHA

氷海を行く（伊藤千尋氏撮影）。

原油が流れた日

プリンス・ウィリアム湾でも、ジョンストン海峡と同じように、一頭一頭のシャチを個体識別しながら、彼らの生態が調査されはじめているのを知ったのは、星野さんとの取材から帰国してまもなくの頃である。ぼくは、ジョンストン海峡につづいて、ゆっくりと腰をすえて取材する場所として、プリンス・ウィリアム湾に的をしぼりはじめていた。

一九八二年にはじまったジョンストン海峡の取材は、その頃にはぼくのライフサイクルのなかで、それを抜いては語れないものになりはじめていたし、そこにはいつも充実した時間が流れていた。それと同様に充実した時間を、これから何年かをかけてプリンス・ウィリアム湾という新たなフィールドでふたたび持つことができるなら、ほんとうに幸せなことだろう。

翌一九八八年は、シャチをテーマとしたドキュメンタリー番組の制作のために、夏の三か月をずっとジョンストン海峡ですごした。ぼくはジョンストン海峡ですごしながら、来シーズンにはたとえ短期間でも、もう一度プリンス・ウィリアム湾を訪ねることができれば、と考えはじめていた。

一九八八年も終わり、新たな年を迎えてまもなくの頃だ。思わぬニュースがアラスカからもたらされた。巨大タンカーがプリンス・ウィリアム湾内で座礁、相当量の原油が流出したという。

アラスカ州の北極海沿岸で採掘される原油は、北極海に面したプルドーベイからアラスカ州を縦断する総延長一二八〇キロのパイプラインによって、はるかプリンス・ウィリアム湾に面したバルディーズの町へ送られる。そしてこの町から、タンカーによって各地に運ばれるのである。

三月二三日午後九時一二分にバルディーズ港の桟橋を離れたエクソン・バルディーズ号は、一二六万バレル（およそ二〇万キロリットル）の原油を積み、カリフォルニアのロングビーチにむけて航行を開始。それから三時間もたたないうちに、本来の航路の東側にあるブライ岩礁に座礁した。

バルディーズの町は、奥深い入り江の奥に位置する。そこからプリンス・ウィリアム湾そのものに出るためには、幅わずか二キロに満たないバルディーズ水路を慎重に越えなければならない。ようやくこの水路を越えたあとで、エクソン・バルディーズ号が速度をあげて走りはじめていたことが、被害をより大きくした。

ちなみに、バルディーズの町の西側には、観光でも知られる巨大なコロンビア氷河が海に流れこんでいる。この年、コロンビア氷河から流れでる氷塊の群れが例年より多く、バルディーズから出航する船は、いつもより東側の航路をとっていた。

エクソン・バルディーズ号は、必要以上に東側の航路をとったことになる。船長の、飲酒を含むいくつかのルール違反や不注意の重なりがひき起こした事故だった。

燃える空。

流出した原油は四万二〇〇〇キロリットル。おりからの北東の風に乗って、プリンス・ウィリアム湾のなかでももっとも明媚《めいび》で変化に富んだナイト島を中心に、付近の島じまを直撃した。ぼくには、記憶のなかにあるナイト島の、このうえなく美しいたたずまいが油でおおわれてしまった風景を、思い浮かべることさえできなかった。というより、思い浮かべることを、ぼくの心が峻拒《しゅんきょ》していたのだろう。

ぼくは、まだ事故の詳細が届かないなかで、しばらく考える気力をなくしていた。それは、あまりに突然のことであり、ぼく自身の心の整理する力をこえたものだった。

日ごと、事故の内容やその大きさが、伝えられてくる。そのなかで、一九八七年の夏にぼくたちがプリンス・ウィリアム湾ですごした三週間は、あるいは夢のなかのものではなかったか、とさえ思った。

現在でも史上最悪といわれるこの原油流出事故が、湾内のシャチ、ラッコ、ゼニガタアザラシ、カワウソや多くの海鳥たちに、後年まで甚大な被害を与えつづけることは想像に難くない。このあと、場合によっては、調査や研究者に同行して、プリンス・ウィリアム湾に足を踏み入れることはあるかもしれない。しかし、この前のように、美しい風景を楽しみ、そこで出会う動物たちの姿を撮影する写真家として、この海を旅する機会は、もうないような気がした。

これまで訪ねた場所のなかで、再度そのなかに身を置きたいと強く思いながら、新たな規制やさ

夜、闇のなかにクジラの噴気を聞いた。静寂のなかでしか聞こえないものがある。

まざまな事情によってそれが果たせない場所は、ほかにもいくつかある。その場所は、いまこの瞬間もぼくが住む惑星のうえにじっさいに存在することは間違いないのだが、ぼくの心のなかでは、夢のなかの世界でしかない。プリンス・ウィリアム湾もまた、そのうちのひとつになってしまったのかもしれない。そう考えると、無性にさみしい気分に襲われるのだった。

一九九〇年を最後に、ジョンストン海峡をひきあげたぼくは、翌年から南東アラスカの沿岸水路を主な取材地に、撮影をはじめていた。この新たな撮影地にも十分に馴染みはじめた一九九六年、八月の初旬にアラスカ取材から帰国したばかりのぼくは、深夜のニュースで、星野さんの訃報に接した。

夕日に燃える噴気。

南東アラスカへ

一九八七年の星野道夫さんとの取材のあと、エクソン・バルディーズ号による原油流出事故のためにプリンス・ウィリアム湾での取材がむずかしくなったこともあって、ぼくの興味は南東アラスカにむかっていた。

北アメリカ大陸の太平洋岸を地図で見ると、アラスカ州の一部がその南東部で、カナダの海岸線のなかに深く入りこんだ場所がある。その部分が南東アラスカと呼ばれる地域である。その中心にあたるジュノーは、アラスカ州の州都でもある。

南東アラスカがぼくの興味をひいたのは、ひとつには環境的にジョンストン海峡の延長上にあり、同様にレジデント（魚食性）およびトランジエント（海獣食性）のシャチが、頻繁に観察されるからだ。風景にしても、かつて氷河に削られた沿岸水路が、針葉樹の深い森が茂る島じまを隔てて網の目のように走る、そんな土地である。

　しかし、南東アラスカの海をほんとうに特徴づけるのは、何よりザトウクジラの存在である。ちなみにこの海域は、北太平洋を回遊するザトウクジラの夏の餌場として、もっとも多くの個体数が集まることで知られている。

　冬から春先にかけて、ハワイをとりまく海で繁殖と子育てをおこなったザトウクジラは、初夏には南東アラスカに回遊してくる。

　そして秋までの数か月間、この豊かな海でニシンの群れをたらふく食べてすごす。シャチが定住者なら、ザトウクジラは旅人といっていい。

　しかも、この海に来遊するザトウクジラは、数頭から、ときには一〇頭以上がいっしょになっておこなう豪快な採餌《さいじ》の方法を発達させた。その方

裏手のロバート山山頂からジュノーの町を見おろす。

法はこうだ。

ニシンが群れる近くで、一頭のクジラが噴気孔から息を吐きだしながら大きく円を描くように泳ぐと、海中にたちのぼる泡が円形のカーテンをつくりだす。すると仲間のクジラたちが、泡のカーテンのなかへニシンの群れを追いたてるのである。

こうしてニシンの群れをカーテンのなかに閉じこめたあと、クジラたちはいっせいに巨大な口を開いたまま、魚群の下方から海面にむけて突進して、獲物の群れを一網打尽にしてしまうのである。気泡の網をつかうことから、「バブルネット・フィーディング」と呼ばれるこの餌とりがはじまると、海面は何頭もの黒い巨体でもりあがり、彼らが噴きあげる噴気と、飛び

土産物店が並ぶメインストリートを歩く。

散るしぶきで、あたりの大気さえ白くかすんで見えるほどだ。

クジラの動きで、海面に持ちあげられるニシンを狙って、空からはカモメの群れが舞いおりて、あたりは騒然とした雰囲気に包まれる。動物たちが見せる餌とりのなかでも、見る者をもっとも興奮させるもののひとつだろう。

何頭ものザトウクジラがいっせいに海面を突き破る採餌行動をとらえた写真は、以前から『ナショナル・ジオグラフィック』誌などに発表されて、ぼくを含む若い写真家たちの興味をかきたててきた。その写真を目にした誰もが、いつかはその風景を自分の目で眺めてみたいと考えていたはずだ。ちなみにこの際立った採餌行動が見られるのは、南東アラスカの沿岸水路だけである。

じっさいにぼくは、まだジョンストン海峡でシャチの取材をつづけていた八〇年代に、幾度か南東アラスカまで足をのばし、この豪快な餌とりを撮影していた。しかし、それで十分というわけではなく、もっとじっくりと観察してみたいという欲求は増幅していた。

一九八六年には、友人の帆船でジュノーの町から、南東アラスカの沿岸水路を南下、途中でピーターズバーグやケチカンの町を通過、さらにカナダ、ブリティッシュ・コロンビア州の太平洋岸につづく沿岸水路からジョンストン海峡をぬけて、アメリカのシアトルまで船旅を楽しんだことがある。そのときに体験した北米北西岸の沿岸水路の奥深さが、ぼくのこの土地への思いをたしかなものにしたといっていい。

こうした旅の手段は、友人の帆船を別にすれば、アメリカにある知り合いの会社がチャーターしたり所有したりするボートに乗せてもらってのことで、それなりに楽しい旅はできたものの、まったく自由な取材や行程が組めるわけではなかった。ぼくはもっと自由に、この土地を旅することができる方法を考えはじめた。

ジョンストン海峡と南東アラスカの違いは、何よりその広がりである。ジョンストン海峡では、以前プリンス・ウィリアム湾で使ったような、船外機をつけたゴムボートで十分に走りまわることができた。しかし、南東アラスカの沿岸水路で、ザトウクジラやシャチを探し、長く観察しようとするなら、少なくとも一週間程度は港に帰ることなく、旅をつづけることができる船が必要になる。

クジラやシャチの群れに出会ったなら、そして彼らが興味深い行動をつづけているなら、彼らとともにゆっくりと移動しながら、時間が許す限り観察や撮影をおこなう。そして、日が暮れる頃、どこか近くの入り江に船を入れて錨をおろす。思い描くのは、そんなやりかたである。幸い、南東アラスカに散在する島じまには、船が停泊するのに適した安全な入り江は限りなくある。

クジラやシャチだけではない。もしもこうした船が手に入れば、南東アラスカの奥懐まで入りこみ、豊かな自然を心ゆくまで楽しむことができるだろう。ひとつひとつの入り江を探検しては、サケやマスが遡る川ですごすこともできるし、クマやシカが徘徊する島じまの森を探索してもいい。そこでは、無数の入り江、無数の水路や森が、ぼくが訪れるのを待ってくれているかに思えた。

水路の一角に開けたジュノーの港には、
豪華なクルーズシップが入港する。

南東アラスカ、ウィンダム湾で。

ナイン・ライブズ号

一九九〇年ごろから、ぼくは南東アラスカを自由に旅ができる船を探しはじめた。それは一度きりのものではなく、今後何年にもわたって、ぼくの取材を支えてくれる足になりうるものでなければならない。

アメリカやカナダには、自然観察や、サケやオヒョウ（巨大なカレイの仲間）を対象とした釣り、ハンティングなどを目的にしたチャーターボートは限りなくある。個人所有のものもあれば、旅行会社、観光会社が所有するものもある。あとは、船の大きさや費用など、自分の目的や裁量にあったものをどう探すかである。

ぼくはジュノーの町を拠点とするチャーターボートのオーナーたちに連絡をとりはじめた。当時まだ電子メールはなく、ファックスがようやく使えるようになった頃である。ぼくは見つけた限りのチャーターボートに、手紙や（可能であれば）ファックスを送り、こちらの目的を伝えるとともに、船の詳細を教えてくれるように頼んだ。

船の大きさや費用が、一定の範囲に入っていなければならないのは当然だが、それ以上にぼくの関心は、キャプテンの人柄にある。船のキャプテンやスキッパーの能力や人柄が、海での撮影の成果を大きく左右することは、これまで限りなく経験してきた。そのために、あるときには多少苦い

ナインライブズ号の船長マイク。夏のある期間、きまってこの船が生活の舞台になった。

思いをし、あるときには思いもかけない幸運に恵まれもした。

人間の能力や人柄は、日常の一挙一動に、そして手紙やファックスの文面にも出るものだ。直接会ったときであれ、手紙やファックスの文面を通して見たときであれ、初対面の印象はおよそ信じていい。

こうして大きさや費用が妥当と思われる二六隻のなかから選んだのが、ナインライブズ号（Nine Lives）という船だった。じっさいに連絡をくれたのは、オーナーで船長のマイク。

一九九二年六月二五日、ジュノーの空港におり立ったぼくはマイクと合流、ナインライブズ号でのはじめての取材旅行に出ることになった。マイクはぼくよりも三つ年上にあたる。

話もそこそこに乗船すると、マイクはすぐにもやいを解く。ナインライブズ号はエンジン音を高めながら、ジュノーの対岸にあるダグラス島との間にのびる一衣帯水のダグラス水路にすべりだした。

マイクはハイスクールを出てから軍に勤務、一九歳でベトナム戦争へ。そして一九八七年に、それまで何度か旅行で来たことのあったジュノーに移り住んだという。彼自身、狩りや釣りが好きで、そのためのチャーターボートとして、一九八八年にこの船を手に入れた。

「ネコに九生あり」(A cat has nine lives) ということわざがある。日本ではどちらかといえば執念深さを強調するのに対して、欧米では不死身さを強調する。マイクが船を手に入れたときに、家族や親戚から名前をつのったところ、マイクの姪がこのことわざにちなんで提案したという。

相棒の、料理役を兼ねたクルーはピート。マイクより一〇歳年上で、マイクとはベトナム戦争時に知り合ってからのつきあいである。

ピートのほうは、コーストガード(沿岸警備隊)で勤めあげ、退職後ハワイで悠々自適の暮らしを営みながら、夏だけマイクの船を手伝うようになった。ちなみにピートの奥さんは大学の先生で、夏には講演などもあってハワイにいることが少ないため、自分が夏にアラスカに来るのはちょうどいいのだという。

船は長さ四五フィート(およそ一五メートル)。四、五名の客を乗せて、港に帰ることなく一週間から一〇日程度の航海なら十分にできる大きさだ。船内の整然と整理されたさまが、マイクとピ

ハクトウワシが梢に翼を休める。

氷河に近づいたナインライブズ号。船足を落として、浮氷の間を縫うように走る。

ートの性格を物語っている。

この旅で、ぼくはザトウクジラのバブルネット・フィーディングをはじめとしたさまざまな行動を目にし、多くのシャチと出会った。それは、これから何年もつづく南東アラスカでの取材が、ほんとうに実り多いものになることを予感させるものであった。

手紙やファックスを通して感じとったマイクの人柄は、けっして間違っていなかった。アメリカ人特有の快活さと同時に、几帳面さと、旺盛な好奇心がぼくを魅了した。

「気が合った」という言い方のほうが、正しいかもしれない。以来、ぼくは毎年夏の一時期には、欠かさずマイクと南東アラスカを旅してきた。そして、すでに一五年がすぎた。ナインライブズ号ですごした時間は、相当なものになるだろう。

手頃な大きさの氷を集めて、クーラーに入れるピート。航海中の冷蔵庫になる。

ちなみにマイクの好奇心は、さまざまなものにむかっている。ハーレー・ダビッドソンを持ち、アラスカの各地へ、さらにアメリカ本土までツーリングに出かけることもあれば、スカイダイビングも教えており、そのためのセスナ機も所有している。けっして大金持ちというわけではないが、彼のような暮らしもまた、アメリカンドリームのひとつの形なのだろう。

ナインライブズ号での旅を終え、その日が晴れていれば、それまでの一週間、あるいは二週間をかけてまわった海を、マイクの操縦するセスナで眺めるために、二、三時間のフライトを楽しむことも少なくない。スカイダイビング用のセスナは、上空でも大きくドアを開くことができるために、視界が開けて撮影にもありがたいつくりになっている。

クルーズシップの前をザトウクジラが泳ぐ。

そして、彼のもうひとつの趣味は写真。ハンティングや釣りを楽しんだときの若い頃からの写真は、何冊ものアルバムになって、ナインライブズ号のなかに置かれていた。ちなみに、最初出会ったときに彼が使っていたカメラは、ベトナム戦争時、右手に銃を、左手にそのカメラを持って、ベトナムの川を渡ったという年季の入ったものだった。

ぼくとの旅がはじまって以来、彼の写真への興味が確実に高まったことはたしかだ。そして、途中何台かカメラを変えながら、いま彼が使うのは日本の写真ファンが愛用するデジタル一眼レフカメラと、相当に高性能なレンズになった。

操船しながらもマニュアルを読み、ぼくがクジラを撮影するときには、いつの間にか操縦席からレンズをむけ、停泊するとまわりの風景を撮影する。いまでは、彼が撮影するものは記念写真から、作品と呼べるものに変わりはじめている。

＊

黄昏どき、雲の具合によって空がきれいに色づきそうなときには、その夜停泊する入り江に入るのを遅らせて、海上に船を漂わせて茜色に染まる沿岸水路の風景を楽しみ、撮影するのが、いつの間にか約束ごとのようになっていた。

夕方になって凪いだ海は、とろりとした油を流したかに見える。空が色づくのにつれて、海は黄金に染まりはじめている。

ぼくのもっとも好きな場所での、もっとも好きな時間である。ナインライブズ号のまわりでは、ザトウクジラが噴気をあげる音がそこここから響いている。

ふいに浮上したクジラが、沈みゆく太陽とぼくたちの船との間で、黄金に染まる海面をゆっくりと泳ぎはじめた。マイクはエンジン音をおとしたまま、微速で船を動かしはじめた。

ナインライブズ号のわずかな動きによってクジラの姿は、太陽から船にむかって海面にのびる光の帯のなかにのみこまれていく。そのとき潜りはじめたクジラは、海面に大きく背中を盛りあげ、最後に尾びれを高く突きだした。

尾びれから流れ落ちる海水が、輝くベールをつくりだし、しぶきは黄金の粒子になって弾け散る。シャッターを切り終えてふりかえると、片手に舵輪《だりん》、片手にカメラを構えたマイクが、「いい写真がとれただろう」といわんばかりに、親指を突きだして見せた。

ぼくが一番好きな時間。

クマと共存する村

南東アラスカに散在する島じまのなかに、アドミラリティ島という、比較的大きな島がある。ジュノーから少し南に下ればたどりつくこの島は、アラスカのなかでもグリズリーの密度が一番高い島として知られている。

くわえてアドミラリティ島のまわりは、ザトウクジラが多い場所として、ぼくたちがもっともよく探索する海域にもなっている。なかでもアドミラリティ島の南側を東西にのびるフレデリック海峡は、多くの水路と交差することもあって、南東アラスカの海上交通の要衝であり、また多くのザトウクジラやシャチと出会うことができる海でもある。

この海峡に浮かんでいれば、陸路のない南東アラスカの町まちを結ぶアラスカ州のフェリーやサケ漁船、純白の巨大な船体を誇らしげに浮かべる贅沢なクルーズシップなどが頻繁に行きかう光景に出会う。といっても、海峡はとてつもなく広く、水平線に船影を遠望する程度だから、けっして混雑しているというわけではない。

いまフレデリック海峡と書いたけれど、英語ではFrederick Soundという。Soundを「海峡」と訳すのは、けっして正しくはないが、いい日本語がないので、しかたなくの表記である。

Soundとは、本来は「島じまに囲まれた海」を意味するから、「多島海」と訳したほうがいい場合もあれば、陸地に囲まれた地形から「湾」と強引に訳される場合もある。

海図にフレデリック海峡を眺めると、まわりをほんとうに多くの島がとり囲んでいる。ぼくたちは、夜にはそのいずれかの島の入り江に停泊しながら、広いフレデリック海峡を、ザトウクジラの噴気を探して船を走らせるのが、おきまりの日課になっていた。

*

フレデリック海峡を囲む島のひとつに、クプ

ラノフ島という島がある。アドミラリティ島の対岸に浮かぶこの島には、ケイクという小さな村があり、船の燃料や水を補給できるため、ぼくたちが立ち寄ることも多い。しかも、フレデリック海峡から遠くないために、クジラを探す途中で立ち寄るにしても、あまり時間を無駄にしなくてすむ。

船でケイクの村に近づくと、どの方角からでも、村の背後の丘に立てられた一本の高い柱が目に入る。ケイクは、クリンギットと呼ばれる先住民の人びとが多い村で、この柱は彼らによって彫られたトーテムポールである。

トーテムポールをつくったのは、そもそもカナダからアラスカにかけての太平洋岸にすむ先住民だが、「世界一高い」を標榜するトーテムポールが、いくつか知られている。ほんとうに一番高いのは、ブリティッシュ・コロンビア州のアラートベイという町にあるもので、高さ五六・四メートル。

ちなみにアラートベイは、ジョンストン海峡の近く。ぼくがジョンストン海峡でシャチの取材をつづけていた頃は、食料やガソリンを買い出しに出かけた町だから、そのトーテムポールは何度も見たことがある。こちらは、クワキウトルの人びとによってつくられたものだ。

一方ケイクのトーテムポールも、ときおり「世界で一番高い」と謳われることもあるのだが、高さは四一・九メートル。アラスカで一番高いものであることは間違いない。ちなみに、このトーテムポールは、一九七〇年に大阪で開催された万国博覧会での展示のために彫られたものである。

ケイクの村を訪れるとき、桟橋があまり大きくないために、燃料や水を補給するとき以外は、村

ケイクの桟橋にて。

の正面あたりにナインライブズ号の錨をおろし、小さなボートに乗りかえて桟橋につけるのだが、この村を訪れるのには、もうひとつ別の目的がある。それは、村を流れる川でよく目にできるアメリカグマ（アメリカクロクマ）を見ることである。

サケ獲りをするクマ

ケイクの桟橋に上陸して、海岸沿いの道を進んでいく。驚くのは、出会うイヌの多さである。あるものは繋《つな》がれ、あるものは放し飼いで、ぼくたちが歩けば、まるで飼い主との散歩を楽しむかのように、何頭かがついてくる。

右手には海が開け、その手前で干出した干潟では、そこここでハクトウワシが翼を休めている。くすんだ海岸の風景のなかで、彼らの純白の頭部だけが、その存在を主張しているように見える。魚食性のこの猛禽は、海辺でこそ、もっとも姿をよく見かける鳥だ。

道端を飾るのはヤナギラン（fire weed）の花の赤。穂先に群れ咲く花は、夏のはじまりとともに下のほうから開きはじめ、先端まで咲ききるころには、夏の終わり。まさに、アラスカの夏には欠かせない花だ。いいハチミツを提供してくれる花でもある。

早川書房の新刊案内

〒101-0046 東京都千代田区神田多町2-2

http://www.hayakawa-online.co.jp

2007 7

『アンネの日記』+『スローターハウス5』と評される、新たな名作。

各国の有力紙誌が激賞!

本泥棒

マークース・ズーサック

入江真佐子訳

ナチス政権下のドイツ。里子に出された孤独な少女リーゼルの密かな慰めは、本を盗むことだった。「死神」がナレーターとなって読者に語りかける異色の物語文学。　四六判並製　定価2310円［10日発売］

ハヤカワ・ミステリ1800番突破記念作品

泥棒は深夜に徘徊する 1802

ローレンス・ブロック／田口俊樹訳

〈泥棒バーニイ〉泥棒仕事の下見のために夜の街へ出かけたバーニイ。泥棒の本性で、どうしてもすぐにひと仕事がしたくなり、とあるアパートへと侵入したのだが……記念すべきシリーズ長篇第10作　ポケット判　定価1470円［13日発売］

ハヤカワ文庫の最新刊

●表示の価格は税込定価です。
●発売日は地域によって変わる場合があります。

7
2007

SF1619

宇宙英雄ローダン・シリーズ337

テラ＝ルナ脱出作戦

マール＆フランシス／天沼春樹訳

ラール人の攻撃を逃れるべく、驚異の疎開計画――地球と月の転送がついに実行された。

定価588円
［絶賛発売中］

SF1620

永遠の戦士エレコーゼ②

剣のなかの竜

マイクル・ムアコック／井辻朱美訳

愛妻エルミザードの消息を求めて、エレコーゼは黒い船に乗り、新たな次元へと旅立つ！

定価945円
［絶賛発売中］

SF1623

『たったひとつの冴えたやりかた』の著者による長篇登場

輝くもの天より墜ち

ジェイムズ・ティプトリー・ジュニア／浅倉久志訳

惑星ダミエムを訪れた観光客たちは、驚くべき事件に遭遇するが…… 人気作家待望の長篇

定価987円
［25日発売］

F1624

世界21カ国でベストセラー〈氷と炎の歌2〉

王狼たちの戦旗 I

玉座を狙い湾を埋めた大船団。混乱の都で小人の奇策が迎え撃つ！ 数

早川書房の最新刊

●表示の価格は税込定価です。●発売日は地域によって変わる場合があります。

7
2007

ベストセラー作家が女性たちに贈る物語

すべては遠い幻

ジョディ・ピコー／川副智子訳

幼くして母を亡くし、父に育てられたディーリア。ところがその父が、彼女を誘拐した罪で逮捕される。真実を、母の消息を、そして自らの記憶を探る彼女は……家族の問題を描き続ける作家の自信作

四六判並製　定価2100円［25日発売］

●ジョディ・ピコーの本／絶賛発売中

わたしのなかのあなた　川副智子訳　定価1890円

偽りをかさねて　羽地和世訳　定価1890円

プラチナ・ファンタジイ最新刊

マジック・フォー・ビギナーズ

ケリー・リンク／柴田元幸訳

〈ヒューゴー賞／ネビュラ賞／ローカス賞受賞〉TV番組のヒロインから奇妙な依頼を受けた少年は、相続した電話ボックスを探す旅に出る……異色の青春小説の表題作他、九篇を収録する第二作品集

四六判上製　定価2100円［20日発売］

ハヤカワepi〈ブック・プラネット〉最新刊

栄華を誇ったゴドキン家最後の生き残りガブリエルは、荒廃した大屋敷に戻った。

やがて道はゆるやかにカーブしながら、グナック・クリークという小川にかかる橋に出る。右手にはすぐ河口が見え、干潟はそのまま川辺となって上流につづいていく。

橋の欄干から川面をのぞくと、背びれを水面にみせたサケの群れが、力強く尾びれで水を蹴りながら流れを遡っていくのが見えるはずだ。盛夏なら、もともと大きくない川を、ぎっしりと埋めつくすほどの数である。

目的のアメリカグマは、この川のサケを狙って姿を現わす。橋の両側の川辺にも民家があって、そのすぐ近くでクマがサケをとらえているのは、ぼくたちの目には奇異に映るけれど、こんな風景は昔からあったのだろう。近くでは、子どもたちが遊びつづけている。

クマが川原に出るときに、民家の庭を通ることもある。そのときにはイヌに吠えたてられて、急ぎ足で駆けぬけていく。この村ではイヌが、人間とクマが共存するための緩衝役を果たして

ケイクの村を海側から望む。背後の丘には、
トーテムポールがそびえる。

ケイクの夏。

橋の下に流れる小川をサケが遡上し、それを狙ってアメリカグマが徘徊する。

いる。

ところで、橋の下を流れる川を泳ぐサケの群れが、流れを自然のままに遡ることができるのは、この橋からわずか数百メートルの間だけである。少し上流には、サケ・マスの人工孵化《ふか》場があり、サケ・マスの遡上がピークになる盛夏には、川に柵がおろされ、魚の群れは別の水路によって、孵化場のなかへ導かれていく。

橋の上から、海とは反対側を眺めると、しばらくは森のなかをゆるやかに蛇行して流れる川の先に、建物の影を望むことができる。その人工孵化場まで、橋のたもとから流れに沿って視線を移していくと、その間にも何頭か、川辺をうごめく黒い塊が見えるはずだ。

＊

橋から、川を遡るサケや川辺のクマの様子をたしかめたあとは、川辺の森の間をいく山道をとおって、人工孵化場がある場所へむかう。

山道が、もともとはクマが川辺におりるいくつものけもの道を横切るように敷設されたためだろう、そこここに食べ残されたサケの残骸や、クマの糞など、彼らが横切った形跡が残されている。ちなみに、この季節にクマが食べるのは、サケ以外には森の灌木類にたわわに実るベリー類で、どの糞にも多くのベリー類の種子がまじっている。道端の木の幹に、「クマ横断注意」の標識がかかげられているけれど、それを目にするのは、たいていは道路にクマの食べ残しか糞を見た後だ。

じっさいに道を横断するクマの姿を見かけることも珍しくないけれど、たいていは人を目にすると、クマは急いで森のなかへ逃げこむのが常だ。しかし、いつの場合も、ふいの鉢合わせにならないように注意はしなければなるまい。

人工孵化場に近づくと、川は道のわずか数メートル下を流れるだけになって、橋の上から見たときにくらべてず

ケイクの通りでこの老犬を見かけるようになって、もう何年にもなる。

クマがとらえた瞬間、サケの卵が弾け散った。

っと近い距離で、流れを遡るサケの群れが目にできるようになる。しかも、すぐ上流で流れが柵でしきられているために、人工孵化場のなかへ導く水路があるにしても、柵の手前でサケの群れがいっぱいにたまるようになる。そのために、クマもまたそのあたりにより多く出没する。

いつ出かけても、森のなかから入れ代わり立ち代わり現われてはサケを獲る何頭かのクマに出会う。道端に腰をおろせば、クマの位置によっては、十数メートルの距離で見ることもある。

アメリカグマは元来神経質で、以前プリンス・ウィリアム湾の人里離れた島で出会ったそれは、はるか彼方に人の匂いを感じとるだけで、急いで姿を隠してしまうほどだった。しかし、ケイクのクマは、近くに人がいることに相当に慣れている。とりわけ人工孵化場ではいつも人が作業しているために——道路を横切るときには臆病さを発揮するものの——川でサケを追うときは、人の存在をあまり気にしなくなった。

川辺を歩くクマは、ふいに流れに足を踏み入れ、しぶきをあげて浅瀬をダッシュしたかと思うと、両方の前足でサケの体を押さえこむ。そして、しっかりと口にくわえこんで持ちあげるたびに、流れ落ちる水のなかで、赤い卵がはじけ散る。

アメリカグマはグリズリーにくらべれば、体は二回り三回り小さいから、くわえられたサケがずいぶん大きく見えるものだ。とりわけ大きなサケが、激しく体を動かすと、逃がしてしまう場合も少なくない。

首尾よく川辺まで運ぶと、卵がたっぷりと詰まった腹部だけを食べたあと、残りはそのままにして、また別のサケを求めて、流れのなかに入っている。川を遡るサケが多い盛夏のクマたちは、じつに贅沢な食べかたをする。

もしも川のなかでくわえたサケから、精子がほとばしるようなら、クマはその場で捨ててしまうことも多い。何より、卵を食べたいらしい。

しかし、これはあくまでも漁のうまいクマの場合である。母親からひとりだちして間もない若いクマは、サケを獲るのがお世辞にもうまいとはいえない。流れのなかをしぶきをあげながら駆けまわるだけで、なかなか獲物を口にできないクマも少なくない。彼らは、そのうちに自分で獲るのをあきらめて、川辺を歩きまわりながら、他のクマの食べ残しを漁ることになる。

＊

八月のある日、人工孵化場を訪ねた帰りの山道で、二頭の子どもを連れた母グマに出会った。アメリカグマは春に、たいていは二頭の子どもを産む。餌が潤沢にあれば、二頭の子グマは順調に育つけれど、一頭を失うことも多い。幸い、このときの母グマは、いまのところ二頭をうまく育てているように見えた。

ぼくの姿を認めた母グマは、急ぎ足で道を横切って森のなかに姿を隠したが、子グマは母親について行けず、二頭ともとっさに道端の木にのぼってしまった。母親の姿がないことに気づいた子グ

子グマは左前足を怪我していた。

2頭の子グマは母親について行けず、あわてて近くの木にのぼってしまった。

マは、クークーと声を出し、樹上からぼくを見つめている。

こんなとき、その木の近くにいつづけるのは、けっして賢明ではない。母グマの姿は見えないけれど、間違いなく近くの茂みから様子をうかがっているからだ。ぼくは、子グマたちが安心して下りてくることができる位置まで後退して待つことにした。

最初に動きを見せたのは母グマだった。道端の茂みをゆらして顔を見せると、少し距離をおいて眺めるぼくに一瞥《いちべつ》をくれたあと、子グマたちがいる木まで戻った。母親の姿を認めた二頭の子グマは、おそるおそる幹を下りはじめる。

母グマは二頭の子グマが下りたのをたしかめると、ふたたびぼくに視線を送ったあと、足速に山道を去っていく。そのすぐ後ろに、小さな二つの塊がころがるような動きでつき従う。

アメリカグマの親子がぼくに視線をむけ、逃げるように道路を渡っていった。

クマの母子が視界から消えた直後のことだ。同じ方角から、自転車に乗った村の少年が現われた。

「いまクマの親子と出会わなかったか」

と聞くと、彼はそっけなくうなずいて見せただけで、人工孵化場に向かって自転車をこいでいった。彼にとっては、道でクマと出会うより、「クマと出会わなかったか」とたずねる旅行者と出会うほうが、珍しかったのかもしれない。

アメリカクマが狩り、ハクトウワシが漁る。

カニと温泉の旅

船べりから身を乗りだして、海中にのびたロープを引き寄せていく。盛夏とはいえ、アラスカの早朝の凛とした大気は、肌を刺すほどに冷たい。

のぞきこむ海は、繁茂したプランクトンのために緑色に濁って、ロープの先はまだ見えないけれど、手にはずっしりとした重みが伝わってくる。手の力だけではすぐに疲れてしまうから、腰を入れて、背筋の力で引きあげるやり方も、自分なりにずいぶん慣れたものになった。

重さのために、けっしてすばやくは引けないけれど、海中の濁りのなかに浮かびあがった影は、徐々に形をとりはじめた。それは一辺が七〇～八〇センチの金網で囲われた籠《かご》で、そのなかに褐色の物体が重なりあうようにおさまっているのがわかる。

ロープが重いのは、籠そのものの重さもあるけれど、それ以上に、中におさまったものの重さと、それが生み出す水の抵抗によるものであることを、ぼくはロープごしに感じていた。手にかかる負担は、重ければ重いほど、そのあとの楽しみが大きいことを意味する。

さらにロープを引きつづけ、籠が水面に近づくと、ひとつひとつの褐色の塊は、カニの姿をとりはじめた。甲羅の幅にして一六〜一七センチ。七、八匹は入っているだろう。

水面まで持ちあげた籠を、一気にボートのなかへとりこむ。この作業だけで、すでに朝の大気の冷たさなど感じなくなっていた。

ダンジネスクラブ——アメリカのカリフォルニアからカナダ太平洋岸を経てアラスカ沿岸まで、北米大陸の太平洋岸に広く分布するイチョウガニ科のカニである。

サンフランシスコやシアトルなどアメリカ西海岸にあるフィッシャーマンズワーフのレストランでは、必ず供されるカニである。ワシントン州ダンジネス湾にちなんで名づけられたもので、日本ではアメリカイチョウガニと呼ばれることが多い。

＊

ナインライブズ号で南東アラスカの沿岸水路を旅するとき、ダンジネスクラブがいそうな入り江で停泊したときには、夜のうちにカニ籠をしかけるのを楽しみにしていた。いまぼくたちがいるのは、アドミラリティ島の東側、細く長いシーモア湾の奥にあるウィンドフォール入り江である。

奥行きのあるシーモア湾は、ザトウクジラが数多く見られる場所で、島のまわりのスティーブン

ケルプの林とキタユウレイクラゲと。

ス水路やフレデリック海峡に風があっても、湾内は比較的穏やかなために、ぼくたちがよくクジラの観察をする場所である。と同時に、細長い湾では、クジラを撮影すると背景にきれいな森が写りこむために、撮影場所としても、ぼくのお気に入りの場所のひとつだった。

昨日は、海が凪《な》ぎ、夕刻を迎えてからの空の光があまりに美しかったために、黄昏どき海も空も黄金色に染まるなかで、クジラの撮影をおこなっていた。午後九時半近くの日没をすぎ、空の色が茜色から葡萄《ぶどう》色へ変わり、もう撮影ができなくなるまで、シーモア湾に船を浮かべてすごした。そのあとに急いでこの入り江にきて、錨をおろしたのだった。

しかし、それで一日のイベントが終わったわけではなかった。錨をおろすなり、マイクがカニ籠をしかけにいこうという。

以前ここで停泊し、カニ籠をしかけたとき、結構な成果があったことを、ぼくも記憶していた。いまも、別の船がカニ籠をしかけたことを示すブイが、そこここに浮かんでいる。

ナインライブズ号に積んである五つのカニ籠を、小船に積みかえ、入り江の浜に近い浅い場所に向かう。

籠のなかに、魚のあらや、冷凍にして持ってきているニシンをおさめた袋をぶらさげて海中に沈めておけば、匂いにひかれてダンジネスクラブがやってくる。籠には内側にしか開かない金網の扉があって、匂いにひかれたカニは、入ることはできるけれど、出ることはできない。

小舟に乗りかえて入り江を探索する。ウィンドフォール入り江にて。

籠には、引きあげるためのロープが結びつけられ、その先に所有者の名前を書いた浮きをつけてある。まわりに浮かぶ浮きにも、その下にはひとつずつ、カニ籠が沈められているはずだ。

ぼくたちは、カニ籠を沈める前に、海底がようやく見えるほどの浜の浅い場所——おそらく水深一メートル半か二メートルくらいだろう——を小舟でまわりながら、海中をのぞきこんでいく。まだわずかに残る光のなかで、ボートの影に驚いた魚たちが逃げ惑う。そのなかに、何匹かダンジネスクラブの姿も見えた。

じっさいに籠をしかけるのは水深六、七メートルの、もう少し深い場所だが、マイクは籠をしかけようとする浜では、きまって海底をのぞきこめる場所で、どれくらいカニが見えるかをたしかめるのが習慣になっていた。

南東アラスカの沿岸水路。

あとは、マイクの勘ひとつである。彼の「ＯＫ」の合図にあわせて、ぼくが籠を沈めはじめる。暗くなりはじめた海面のなかで、白い浮きだけわずかに光を映している。

こうして、少しずつ場所を変えながら、五つの籠を沈め終えた。あとは朝に、引きあげに来るだけだ。夜行性のカニを捕るのは、夜がいちばんいい時間である。

＊

翌朝、ぼくたちは目覚めると、顔を洗うのもそこそこに小舟を出して、昨夜のうちに沈めておいたカニ籠を引きあげにきたのだった。まさに朝飯前のひと運動である。

ボートに引きあげられた籠から、一匹一匹取りだしながら、雌ならばそのまま海に返す。雄ならば、甲幅六・五インチ（およそ一六センチ）以上のものは捕獲していいけれど、それ以外のものは海に返さなければならない。

マイクは、大柄のものはバケツへ、小さいものは海へ投げいれていく。他に見ているものがいないからといって、ここでは誰もごまかさない。律儀なまでの几帳面さである。

結局、この朝五つの籠に入った、捕獲可能な大きさの雄は八匹。自分たちだけで食べることを考えれば、十分すぎる成果である。ぼくたちは、急いでナインライブズ号に向けて小舟を走らせはじめた。

＊

ナインライブズ号に帰って、朝食をとると一日のはじまり。船体を震わせてエンジンが始動すると、からからと鎖がぶつかる音とともに、錨がまきあげられていく。

この朝、シーモア湾から、海の大通りであるスティーブンス水路に出たナインライブズ号は、島の東岸に沿って南下、やがてフレデリック海峡に入って南西の針路をとった。

ザトウクジラが多い、アドミラリティ島の南岸に沿った海域を探索しながらの航海である。右手には、岸辺にまでツガやトウヒの深い森を茂らせた海岸線がつづく。

森を背景に、ところどころで白く、クジラの噴気があがるものの、いずれもが一頭一頭単独で泳いでいるものなので、あえて船の針路を変えて接近を試みることはしない。探すのは、群れで泳ぐクジラである

この海での観察の目玉は、何頭ものクジラが集団でおこなう豪快な捕餌行動である。これを観察しようと思えば、何より群れを見つける必要がある。こ

茹であがったダンジネスクラブとピート。
ナインライブズ号の船内で。

ザトウクジラは一夏をこの海ですごす。

れまでに出会うことができた、この際立った餌とりの場面は、いずれのときも、何頭ものクジラがたてつづけに噴気をあげる光景を発見して、その群れから目を離さずに追いつづけて観察できたものである。ぼくたちは、単独であがる噴気を横目で眺めながら、船を南西にむけて走らせつづけていた。

バラノフ・ホットスプリング

大きな成果がないままに午後を迎えた頃、マイクが、
「今日は温泉に行こう」
と提案した。アドミラリティ島の西に位置するバラノフ島には、温泉が湧いており、露天で入湯できる場所がある。

ちなみに、この島の名前は、一八～一九世紀のロシアの探検家アレクサンドル・バラノフにちなむ。彼について語るならば、アラスカの歴史を簡単に紹介しなければなるまい。

西洋人として、アラスカの島じまを最初に発見したのは、ロシアのピョートル大帝の命により探検の航海に出たベーリングである。一七八四年のことだが、このとき持ち帰った良質のラッコの毛

バラノフ島の温泉が引かれた入り江。ロッジの向こうでは激流が海に注ぎこむ。

急流を見下ろす森のなかにある露天温泉を楽しむサケ漁船の漁師たち。

皮が人気を博し、多くのロシア人がアラスカをめざしはじめる。

一七八四年、コディアック島に最初にロシアの植民基地が建設されるが、一七九九年、アレクサンドル・バラノフがシトカに基地を建設するとともに、ロシア領とした。シトカはバラノフ島の太平洋側に位置する町である。

以来、シトカは「太平洋のパリ」と謳われるほどに栄え、一八六七年にアラスカがアメリカに譲渡されてからも、しばらくは州都でありつづける。ちなみに、州都が現在のジュノーに移されたのは、一九〇六年のことだ。

ナインライブズ号は、アドミラリティ島の南西端の岬であるガードナー岬まで進んだあと、その先に広がるチャタム海峡の横断を開始する。対岸はバラノフ島。文字どおり「バラノフ・ホットスプリング」と呼ばれる入り江にたどり着いたのは、午後も遅くなってからのことだった。

入り江の奥に、いくつかのロッジと、滝とも呼べるほどの落差をなして海に流れこむ激流が見え

温泉にむかう森の木漏れ日のなかで、
シトカオグロジカの子どもに出会った。

巨木の森を散策する。

る。背後の山——というよりは小高い丘——の上に湖があり、そこから流れ出る水は、逆巻く早瀬となって一気に海に注ぎこむ。水量は結構なものだ。

この流れに沿った場所で、温泉が湧きだしており、入り江の奥に建つロッジに引かれている。ここは、ジュノーに住む人の別荘地でもある。

ナインライブズ号を桟橋に係留したとき、サケ漁船が数隻、すでに桟橋につながれていた。この海域で漁をする漁師たちが、ときおりこの温泉につかりにやってくる。

ぼくたちはすぐにタオルを持って、川に並行してつづく山道をのぼっていく。途中、本道から川に向かって少しそれると、森に囲まれた目的の露天の温泉がある。たどり着いたとき、漁師たちが三人、ビールを片手に湯につかっていた。

そこは、激流に向かってせりだした岩場のうえにあり、湯につかりながら、水煙をあげて逆巻く激流を眺めることもできる。マイクとぼくは、一日船で揺られてきた体を、お湯のなかでくつろがせていた。

湯上がりのまま、ふたたび山道を船つき場までおりて、ナインライブズ号に戻ると、すでにピートが、朝捕ったばかりのダンジネスクラブを茹《ゆ》ではじめていた。

はじめてナインライブズ号で旅をした一五年前、同じようにカニ捕りを楽しんだときのことだ。茹であがった鍋から出されてきたのは、ぼくが期待したものではなかった。

マイクやピートを含め、地元でカニを扱う連中は、まだ生きているカニの甲羅の真ん中を船べりなどの硬いものにぶつけて二つに割ると、じつに手際よく内臓の部分を捨て、左右の足と、付け根（ここにたっぷりと肉がついている）だけにして茹でる。要するにカニミソの部分は、はじめから海に捨てられていたのである。

次は丸のまま茹でてくれるように頼むと、ピートはじつに怪訝《けげん》な顔をした。それでも、希望通りにしてくれたのだが、丸ごと茹であがったカニの甲羅をはずし、なかにたっぷりと詰まったカニミソに舌つづみを打つぼくを、当初マイクやピートは、まるで異星人でも見るように眺めていた。湯上がり、浴衣こそ着てはいないけれど、タオルを首に巻いたままカニを食べるのは、ちょっとした温泉気分である。

南東アラスカで簡単にダンジネスクラブを味わえるのは、ラッコがほとんどいないからで、島のまわりにラッコがよく観察できるプリンス・ウィリアム湾では、カニ捕りは楽しめない。

ちなみに、南東アラスカでラッコが見られるのは、これまでは太平洋の外海に面したシトカ周辺など、限られた場所だけだった。ところが、二〇〇六年の夏、ぼくたちが別の、これまでよくカニ捕りをした入り江で錨をおろしたとき、はじめてラッコを目にした。

もしもラッコがこのまま、太平洋岸から沿岸水路のなかまで勢力をのばすようなことがあれば、ここでもカニ三昧とはいかなくなるのかもしれない。これでまた、ぼくの心配ごとがひとつふえた。

ザトウクジラと旅する。

ザトウクジラの饗宴

海中から浮かびあがる気泡の連なりが、海面にのびながら大きな円弧を描いていく。やがて、一周した軌跡は、完全に円を描いた。

ぼくは次に起こる出来事を待って、いつでもシャッターが切れるようにカメラを構えたまま、目は、泡に囲まれた海面に釘づけになっていた。そのときぼくが感じていたのは、矢を射るときを待って、弓を引きしぼったまま息を止めるのに似た緊張感である。

円の中央で、一瞬小魚が跳ね躍ったかと思うと、次の瞬間、それをのみこむように海が盛り上がり、黒い塊が海面を突きやぶった。海はわきたち、渦巻く音が耳朶《じだ》を打つ。海面には黒い巨体が重なりあい、飛び散るしぶきで、あたりの大気は白くかすんで見える。

ぼくはカメラのシャッターボタンにかけている指に力をこめ、何枚かのシャッターをたてつづけに切った。

シャッターを切りながら、このとき自分が眺めていた状況を完全に理解するのに、ぼくの頭は何秒かを要した。しぶきのなかで巨体が交錯し、その間からザトウクジラ特有の長い胸びれや、尾びれの一部が突きだし、いったい何頭のクジラがいて、それぞれがどんな姿勢をとっているのかさえわからない。

クジラの姿をとりわけ異様なものにしていたのは、そのいずれもが巨大な口を開いていたことである。両顎を九〇度近く開いたクジラの姿は、ふだんの姿とは似ても似つかぬもので、そこここに大きな洞穴が口を開いているかに見える。

鮮やかな肉色を見せているのは、上顎の裏側の、ちょうど口蓋にあたる部分で、ぼくはクジラの口のなかをのぞいていたことになる。そのまわりで、密生したブラシのように見えるのは、上顎から垂れさがったヒゲ板の重なりである。

ぼくはまるでスローモーションの映画でも見るように、こうした風景をファインダーのなかにたしかめながらシャッターを切っていたのだが、クジラが口蓋の肉色やヒゲ板の重なりを見せていたのは、ほんの一瞬だったのだろう。すぐに閉じられはじめた両顎の間から、何匹かのニシンが海水に乗って流れ出るのが見えた。

ザトウクジラの群れは、海面下に群れるニシンめがけて深みから突き進み、勢いあまって海面を

ザトウクジラの採餌風景。

突き破ったのだった。それぞれのクジラの口のなかには、大量のニシンが海水とともにとらえられている。いま一頭の口からこぼれ出た何匹かのニシンは、最後の瞬間に命びろいをしたことになる。

ザトウクジラの下顎から喉にかけて、何本もの畝《うね》と溝がつくりだす蛇腹は、口を閉じたあとも風船のように大きく膨れあがっている。そのなかに、海水とともにたっぷりとニシンの群れがとりこまれているはずだ。

ヒゲクジラの仲間、なかでもザトウクジラをはじめとするナガスクジラ科のクジラたちは、喉を伸び縮みする蛇腹構造にすることで、一度に大量の獲物をとらえることができるようになった。体長一三メートルに達するザトウクジラが、体長がせいぜい二〇センチのニシンを食べ、はては体長二五メートルをこえるシロナガスクジラが、体長わずか四、五センチのオキアミだけを食べて暮らしていけるのも、こうした効率のいい採餌方法を獲得したからこそだった。

わきたった海面は、すでに落ちつきをとりもどしはじめている。そのときぼくは、閉じられたクジラの両顎のわずかなすきまから、海水が白く泡だちながら、流れ出ていることに気づいた。

クジラが口のなかでぶ厚い舌を押しあげると、海水は、両顎の間をおおって重なりあうヒゲ板のすきまから押しだされる。一方、餌になるニシンは、ヒゲ板の重なりがつくりだすフィルター構造の内側にひっかかってしまう。こうして、クジラはニシンだけを効率よくのみこむことができるのである。

海面に輪を描いて浮上する気泡。このなかにニシンの群れが追いこまれる。

やがて、海面で重なりあっていた黒い巨体は、一頭一頭がザトウクジラ本来の姿をとりながら、ゆっくりと泳ぎはじめた。このときになってはじめて、ぼくは一〇頭をこえるクジラがいたことを知った。

同時に、このときエンジンを止めたナインライブズ号が、クジラを観察するうちに、相当に岸に近いところに流されていることに気づいた。マイクはすぐにナインライブズを動かそうとしたものの、クジラの群れはまっすぐこちらにむかっている。マイクは、イグニッションにかけた手を止めたまま、ようすを見守っている。

採餌中のクジラ、とりわけ集団で餌を追いはじめたザトウクジラは、船の存在をまったく気にしない。クジラの群れは、ナインライブズ号のすぐ横を泳いでいく。

10頭をこえるザトウクジラが海面を突き破った。

たてつづけに噴気があがると、ぼくたちは霧のような細かな水滴と、それが含む生きもの特有の生ぐささに包みこまれた。クジラの群れは、まるで黒い波が連なるように、背を並べて泳いでいく。最後に、全員が大きく背を盛り上げると、尾びれを海面に見せて潜っていった。

マイクは、胸をなでおろすしぐさを見せると、ナインライブズ号を安全な場所まで移動させた。ふたたびエンジンをきって、次に起こる出来事を待つ。まわりには、いま起こったばかりの狂騒がまるで嘘のように、静かな夏のアラスカの風景が広がっている。

気泡の網

ぼくが南東アラスカの海を訪れつづける最大の目的が、夏の間この海でたっぷりと餌をとってすごすザトウクジラの観察と撮影であること、そして、この海で餌をとるザトウクジラが、何頭もがいっしょになっておこなう豪快な採餌行動を発達させたことは、先に（一〇六ページ）紹介した。ぼくは、いままさに目的の採餌行動を目にしていたのである。海面に円を描きながら浮かんできた泡こそ、ニシンの群れを閉じこめるために一頭のクジラが噴気孔から吐きだしたものだ。その頃海中では、仲間のクジラたちが、泡のカーテンのなかへニシンの群れを追いたてていたはずだ。

＊

ぼくは、水中マイクを用意して海中に沈めた。デッキに置かれたスピーカーのスイッチを入れると、動物の遠吠えに似た唸りが聞こえはじめた。

息の長い奏者が、オーボエでひとつの音を吹きつづけるような声だ。それは海中に響く音とは思えないほど鮮明に、ぼくの耳に届いてくる。

このオーボエ奏者は、ひとところに止まっているのではなく、海中を動きまわっているのだろう。スピーカーから聞こえる声は、まだ姿が見えない奏者と船との距離にあわせて、強まったり弱まったりを繰り返している。

奏者はクジラ。彼らが海中でニシンの群れを追いたてるときに発する声である。

ちなみに、ザトウクジラは繁殖期、雄が「クジラの歌」と呼ばれる抑揚のある声を、海中に響かせることが知られている。ぼくは海中でこの声を聞いたことがあるけれど、体重四〇トンの巨体が発する声は、耳で聞くというより、体で感じる振動だった。

「クジラの歌」にくらべれば、いま耳にするのは、抑揚のない短調な響きである。ニシンがこの声をどう聞いているかはわからないけれど、その振動は間違いなく感じているはずだ。

声はふいに止んだ。スピーカーは、潮が流れ、さざ波が船べりを打つかすかな水音だけを伝えている。声が止むのは、クジラたちが餌とりをあきらめたか、あるいはニシンを追う最後の局面に入

飛沫の間にニシンが跳ねる。

ったときである。

ぼくは、後者であることを信じて、海面に目を走らせる。海面の一角に、泡が浮きあがってくるのが見えた。それにつづいて、巨体の群れが海面をわきたたせる狂騒。こうして、いったんはじまったクジラのバブルネット・フィーディングは、何時間にもわたってつづくのが常だ。

＊

ぼくが二五年前から南東アラスカの海を旅するようになって、何年かにわたって比較的頻繁にバブルネット・フィーディングが見られた時期もあれば、まったく目にしなかった何年かもある。ぼくが目にしていなくても、別の場所で別の時期に観察されていることもあるから、一概には言えないけれど、頻繁におこなわれる時期と、そうでない時期があることは間違いない。

バブルネット・フィーディングがおこなわれるかどうかは、第一にはニシンの分布によるのだろう。魚群探知機を見れば、（水温によるのだろう）ニシンが二〇〇～三〇〇メートルもの深みにかたまっているときもあれば、比較的浅い場所で群れをつくっている場合もある。もしも、二〇〇～三〇〇メートルもの深みにニシンの群れがいれば、ザトウクジラは自分も深く潜って採餌をおこなうしかない。

ある年の夏、船がどこにいても、魚群探知機は水深二〇〇メートルほどのところにニシンの群れを示す厚い層を映しだしていた。魚群は、いっこうに浅い場所に移動する気配はなく、バブルネッ

つぎつぎに尾びれをあげて潜ると、別のニシンの群れを追いはじめる。

ト・フィーディングもずっと観察できずにいた。

こんなとき、観察できるザトウクジラの採餌行動といえば、あたり一帯にいるクジラが、それぞれに浮上して二、三度荒々しく呼吸を繰り返したあと、すぐに背を海面に大きく盛り上げて、一気に深みに潜っていくあわただしい動きだけである。

マイクにうながされて、魚群探知機のスクリーンをのぞきこんだときのことだ。水深二〇〇メートルの海底近くに映しだされたニシンの群れにむけて、二本の赤い線がのびていく。

この魚群探知機のスクリーンは、密度の高いもの、ある程度の大きさのあるものを、赤い像として映しだす。赤い線は、間違いなくクジラが泳いだ軌跡である。それは、海底近くに淀むようなニシンの群れにむけて、クジラが一気に潜るさまを描きだしていた。

海面に黒い巨体が交錯する。

バブルネット・フィーディングをおこなうかどうかには、あるいはクジラ側の事情も関わっているのかもしれない。というのは、この集団でおこなう採餌行動には、おそらくは個体間の関わりや、慣れた個体の存在が不可欠と思われるからだ。

バブルネット・フィーディングと呼ばれる際立った餌とりをおこなうグループが、いったいどんな関係を持つクジラたちであるのか、研究者たちも興味を抱いてきた。参加しているクジラそれぞれの体から、皮膚片でも採取しＤＮＡを調べれば、何か興味深いことがわかるかもしれない、と誰もが考えているけれど、まだ実行には移されていない。

ちなみに、バブルネット・フィーディングが何年にもわたって頻繁におこなわれた頃、クジラの群れが海面を突き破った瞬間に撮影された写真を見ると、必ずといっていいほど中央に、誰よりも大きく口を開き、高くのびあがっている個体の存在がある。このクジラが、餌とりに熟練した雌であるとして「ビッグママ」と呼んだ人びともいるけれど、それがほんとうかどうかは知らない。

しかし、あまり頻繁に見られない年がつづくなかで観察されたバブルネット・フィーディングでは、全員がばらばらに浮上して、少なくとも見た目には、中心になる個体の存在が認められない。やはり熟練した個体の存在が、この餌とりには必要なのかもしれない。

＊

昼すぎにバブルネット・フィーディングをはじめたクジラたちは、途中でいったん動きを変える気配を見せたものの、再開すると、そのまま太陽が西に傾く時間までつづけていた。

夕凪の海は、沈みゆく太陽の光を映して、茜色に染まりはじめている。ぼくは乗りかえた小舟を波にただよわせて、クジラたちの響宴を観察していた。

小舟やカヤックに乗りかえると、海面は手が届くほどのところにくる。視線の高さが変わると、風景が異なって見えるのは言うまでもないが、まわりの音さえ異なって聞こえるものだ。

少し離れた場所で、海面を突き破ったクジラたちが、つぎつぎに尾びれをあげてふたたび海中に消えたときだ。ぼくは、動物の遠吠えのような声を耳にしたような気がした。もちろん、水中マイクを使っているわけではない。

一瞬、気のせいかと思ったけれど、声はにわかに強まっていく。声は、海面からこぼれて聞こえていた。クジラたちが、海中でニシンを追いながら小舟に近づいてくるようで、最後は小舟そのものが共鳴して、クジラの声を響かせている。

ふいに声が止み、手のとどくほどのところに浮かびあがる泡が見えた。その直後海面を突き破ったクジラの姿を、小舟に座ったぼくは見上げるようにながめていた。

夕暮れまで採餌を繰り返した群れ。

プリンス・ウィリアム湾ふたたび

ちょうど今世紀に入ったあたりからだ。毎年夏の一時期に欠かさず南東アラスカの沿岸水路を旅するようになって一〇年近くがすぎ、ぼくはふたたびプリンス・ウィリアム湾をひとつのフィールドにできれば、と思うようになっていた。星野道夫さんと訪ねてから一三年、悪夢のようなエクソン・バルディーズ号の原油流出事故から、一一年がすぎていた。

事故が湾や湾の動物たちに残した爪痕は、継続的にさまざまなレポートや論文になって発表されている。ぼくはこうしたレポートや論文に目を通しながら、現地の研究者と連絡をとりつづけていた。

かつて三週間をすごしたキャンプや、ボートで走りまわった沿岸水路の風景を、もう一度目にできれば、と思う。と同時に、この湾での新たな目的も生まれていた。

星野さんとキャンプをした当時、まだ広く知られるものではなかったけれど、プリンス・ウィリアム湾も野生のシャチ研究が長くつづけられてきた場所だった。ぼくが長くすごしたカナダのジョンストン海峡と同じように一頭一頭を個体識別しながら、長期にわたる研究によって、プリンス・ウィリアム湾ならではのシャチのプロフィールが描きだせるまでになっている。ぼくの人生のある期間、ジョンストン海峡のシャチと関わったように、この湾のシャチにも深く関わることができれば幸せだろう。

ここにも、ジョンストン海峡と同じように、レジデントと呼ばれて、豊かなサケやマスを中心に魚類だけを食べるシャチもいれば、トランジエントと呼ばれて、アザラシやトド、イルカなど海獣類だけを襲うシャチもいる。彼らの多くは、プリンス・ウィリアム湾だけでなく、南東アラスカまで含めて、アラスカの太平洋岸を広く行動圏に持つが、プリンス・ウィリアム湾だけを行動圏にするポッド（群れ）もある。

一方、油汚染による動物への影響について調査をつづける研究者たちから、海岸で目に見える汚れは——限られた場所ではまだ残っているものの——ほぼ見えなくなった、という連絡をもらっていた。ぼくは、最初に訪れてからちょうど一五年目にあたる二〇〇二年の夏、ふたたびプリンス・ウィリアム湾を訪ねる計画をたてはじめていた。

しかし、取材の方法は以前とは変えなければなるまい。ひとつの島にキャンプをして、小さなボ

シャチの海を行く。

ートで走りまわるだけでは、カバーできる海域が限られる。もっと広い範囲をシャチを探して走りまわるためには、せめて一週間程度は港に帰ることなく、移動しながら暮らせる船が必要になる。もしシャチの群れに出会うことがあれば、ゆっくり併走しながら、時間の許す限り観察や撮影をおこない、日没を迎えれば、その時点で近い入り江に停泊する。南東アラスカでおこなうのと同じ方法である。

ぼくは、二〇〇一年の夏が終わった頃から、翌年の取材にむけて、船を探しはじめた。前にも書いたけれど、船自体を見つけるのは——とくにアメリカという国では——けっしてむずかしくない。問題は、ほんとうに取材や撮影にむいた船であるかどうかである。

ぼくは南東アラスカでナインライブズ号を探しだしたときと同じように、何隻かのチャーターボートのオーナーやキャプテンに連絡をとりはじめた。ナインライブズ号に出会ったときと違って、インターネットが普及し、電子メールが使えたから、やりとりは早い。ただし、ジュノー、シトカ、ピーターズバーグ、ケチカンという、観光客が多く訪れる港町がある南東アラスカと異なり、プリンス・ウィリアム湾に面した観光の盛んな大きな町はほとんどない。それだけに、チャーターボートは少なく、候補も片手で数えるほどしかなかった。

何度かのやりとりを通して決めたのは、アレクサンドラ号という、こぢんまりとした漁船を改造した船である。いまでも漁をすることもあれば、数人のナチュラリストを乗せて、観察や研究のために使われることもあるという。

ウィテアー

二〇〇二年七月二四日、ぼくは別の取材をしていたフロリダからアンカレジに到着した。ちょうど一五年前の同じ日、この空港で星野さんと合流したのだった。

同行者と合流したあと、プリンス・ウィリアム湾の玄関口であり、アレクサンドラが停泊しているウィテアーの町に車でむかう。一時間ほどのドライブである。

アンカレジはクック湾に面した町である。車は、キャプテン・クックにちなんで名づけられた水路沿いのハイウェイを東へ、クック湾の奥にむかって走る。

クック湾にはベルーガが定住することが知られている。ぼくの目はいつの間にか、車の窓ごしに、褐色に濁る水路の海面に浮上するかもしれない白いクジラの背を探していた。

やがて、クック湾はさらに狭くなってターンアゲイン湾と名前を変える。かつてキャプテン・クックが、湾（そのときは湾であることは知られていなかった）をそのまま進めば、ふたたび太平洋に出られると思っていたところが行き止まりになり、仕方なくそこで船をUターンさせたことにち

投錨中のアレクサンドラ号。

ウィテアーにいたるトンネル。アラスカ鉄道の列車と車とが、時間をわけて使う。

なんでいる。

突然、紺と黄色のツートンカラーに塗りわけられたアラスカ鉄道の列車が、ハイウェイの横に現われて、ぼくたちの車とすれ違った。ハイウェイと並行して走る鉄道は、ぼくたちがむかうウィテアーの町につづいていく。

ウィテアーの手前には急峻な岩山がそびえ、道路も鉄道も、この岩山に穿《うが》たれたトンネル（アントン・アンダーソン記念トンネル）を越えるのだが、以前はトンネルを通れるのは列車だけで、もしも車をウィテアーの町まで持っていきたければ、列車に車を積んでいくしかなかった。このトンネルを、車が自力で通れるようになったのは、二〇〇〇年のことである。

アンカレジとウィテアーの間を行き来するアラスカ鉄道は、夏季ならば一日二往復。だから、

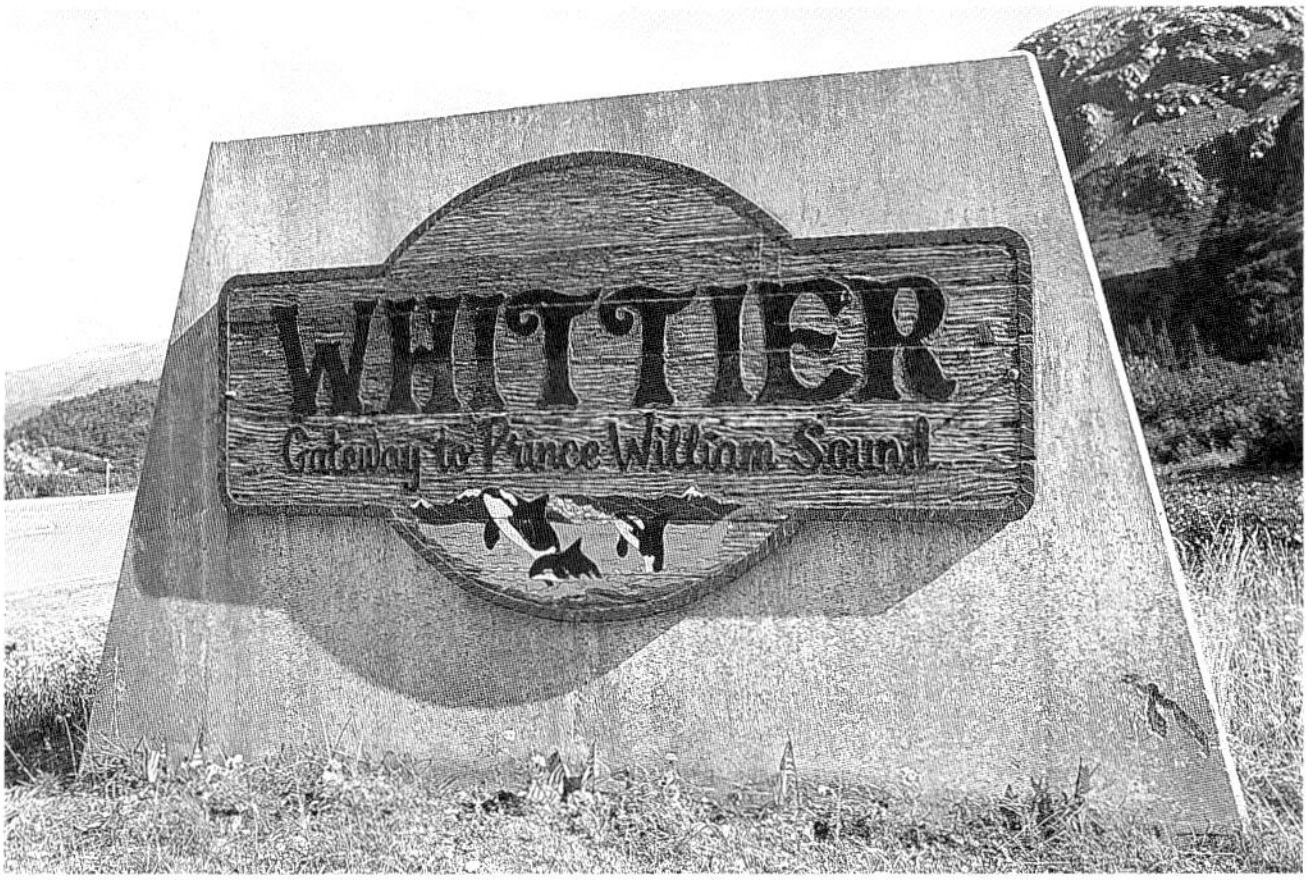

「ウィテアー——プリンス・ウィリアム湾の玄関口」。看板にはシャチが躍る。

それぞれの間の時間はたっぷりとある。その時間を、三〇分ごとに、上りと下りの車を走らせようというわけである。

ウィテアーにむかう道の両側に山が迫りはじめると、トンネルが近い。途中の料金所でトンネルの通行料を支払う。トンネルが自分の進みたいむきに開いているときはいいけれど、そうでなければ、逆むきの車が走る間、最長三〇分待たなければならない。

トンネルが開くのを待って行列をつくっている車といえば、たいていは小さなボートをトレーラーで引いてきたアンカレジからの釣り客のものであったり、キャンピングカーであったり。それに、この二、三年は、夏のアラスカをクルーズする巨大で贅沢なクルーズシップがウィテアーの港にも頻繁に立ち寄るようになったため、船の客を送り

エトピリカ

ラッコ

トド

迎えする観光バスが急速に増えている。

大型の船ならば、一〇〇〇人以上の観光客を乗せているから、送り迎えするバスも、まるでコンボイのように連なって走ることになる。それにあわせて、ウィテアーの町や港は、年々賑やかになりつつある。

ようやくトンネルへの入路がはじまった。トンネルのなかでは、路面電車の線路のように、コンクリートに埋められた線路の上を走る。まっすぐに掘られたトンネルは、全長二・五マイル。車が走れるトンネルとしては北米一長い。事故を避けるために、車間距離を十分にとって、制限速度の時速二五マイル（およそ四〇キロ）で走れば、六分で走りぬける距離である。

トンネルをぬければ、そこはもうウィテアーの町である。「ウィテアー　プリンス・ウィリアム湾の玄関口」というシャチが描かれた看板が迎えてくれる。プリンス・ウィリアム湾は、あくまでもシャチの海だ。

ちなみにウィテアーは、周囲を切り立つ岩山に囲まれた町である。第二次世界大戦中、冬でも凍らない港として、海軍によって開かれ、冷戦時代には、極寒のシベリアでの戦いを想定したアメリカ軍の訓練が、近くの氷河のうえでおこなわれたとも聞く。

トンネルをぬけた道路はそのまま町なかへ入っていくが、左手には多く漁船が並ぶ港がつづく。アレクサンドラ号は、その一角に係留されていた。

ウィテアー港。大型観光船の入港や来訪する釣り客で、年々賑やかになってきた。

全長四七フィートのアレクサンドラ号は、調査やツアーをおこなうだけでなく、じっさいに漁にも使われるため、後部のデッキが作業用に広く開放され、キャビンは前方にかたまっている。キャビン内にけっして余分なスペースがあるわけではないが、すべてのものが整理・保管されて、キャプテンの人柄を物語っている。

こうした船の手入れや整理のさまは、取材や撮影の成果とは一見関係ないようで、じつは大きく関わっている。そこにこそ、キャプテンの人柄や律儀さが端的に現われるものだ。じっさい、これまでに一度利用して、そのときの船の手入れや整理のさまに首を傾げざるをえなかった船が――したがって、それ以降は利用していない――その後、火災や座礁で沈んだことを聞かされた例は、二つや三つではない。

夏の晴れた日、アレクサンドラ号を操船する船長ブラッドとナンシー。

出迎えてくれたキャプテンは、ブラッド。日本から電子メールを通して、やりとりした人物である。もとは漁師だが、プリンス・ウィリアム湾周辺の生物学者による調査旅行にも長く船を提供してきたため、研究者とのつながりも、生き物についての造詣も深い。

プリンス・ウィリアム湾は、例のエクソン・バルディーズ号の石油流出事故以来、現在にいたるまで、ラッコやアザラシ、カワウソや海鳥などの被害と回復の状況を調べる調査がつづけられてきた。一九八九年に原油が流出したときには、ブラッド自身、油の除去作業にも関わったという。

ぼくは、ブラッドのアメリカ人特有の快活さとともに、物静かな思慮深さにも惹かれた。あとで聞いたことだが、母親がオランダ出身で、奥さんはノルウェー人である。船内の趣きにヨーロッパ調が感じられたのも、そのせいだったのだろう。

もう一人のクルーはナンシー。出会った当時は、まだユタ州のハイスクールで数学の先生をしており、夏の間だけ自分の楽しみを兼ねて、ブラッドの仕事を手伝いに来ていた。じつは日本の先生との交歓会のために、熊本でしばらくすごしたこともある（翌年、ブラッドとプリンス・ウィリアム湾を旅したときにも、ナンシーがクルーを務めてくれたのだが、そのとき彼女はすでに先生を退職して、ブラッドの常勤のスタッフとして働いていた）。

船の名前のアレクサンドラは、ブラッドの妹さんの名前で、兄妹はもう一隻チャーターボートを所有し、二隻で自然観察や釣りなど夏のアラスカを楽しませるツアーや、プリンス・ウィリアム湾周辺の生物調査に使われている。もう一隻は、妹さんのアレクサンドラがキャプテンとなって、すでにプリンス・ウィリアム湾をクルーズ中だという。

僚船《りょうせん》がいることは、ぼくにはじつにありがたい。広いプリンス・ウィリアム湾を、二隻で探すほうが効率がいいことはいうまでもない。

ぼくたちが乗船すると、すぐにアレクサンドラ号はエンジンの音を響かせて、桟橋を離れた。まわりには氷河をいただいた山やま。ぼくは船の一番高いデッキにのぼって、まわりの風景を眺めながら、一五年ぶりにプリンス・ウィリアム湾を訪ねることができたという感慨に、ひとりひたっていた。

ABポッドとの出会い

プリンス・ウィリアム湾に出て、まずぼくがしたかったのは、一五年前にキャンプをしたチェネガ島を訪ねることだった。かつては水上飛行機でたどりついた島へ、いまは船でむかう。ウィテアーの町に面するフィヨルドを東へ、プリンス・ウィリアム湾の中心部にむけて進み、ナイト島の北端あたりに達したあと、南に針路をとる。左手につづくナイト島の入りくんだ海岸線と、切り立つ山やまの風景は、ぼくの記憶のままだ。しかしこのあたりは、エクソン・バルディーズ号の原油流出事故によって、もっとも被害を受けた場所であり、事故の直後なら、こうはいかなかったのだろう。

ナイト島水路を南へ進んで、やがて右に見えはじめるのがチェネガ島である。島に近づいて、しばしば目にするようになったラッコが、海面であおむけに浮かんで休む光景は、以前のままだ。

島陰に停泊するアレクサンドラ号。漁船としてもまだ現役の船だ。

　前方に、星屑のように散らばるプレアデス諸島が見えはじめるころ、右手につづくチェネガ島の南端あたりに達する。島の東南端に小さく突きだす岬をまわりこめば、かつてキャンプをした浜に出る。

　そこに、いま特別なことが待っているわけではない。しかし、ぼくはアレクサンドラ号が岬をまわりはじめたころから、不思議な胸の高まりを感じていた。

　やがて見覚えのある浜の風景が広がりはじめる。入り江の中ほどにアレクサンドラを停泊させ、小舟に乗りかえて浜にむかう。

　上陸して、浜の奥にある草原につづく小径をたどっていく。浜と草原の間は、以前ならもう少し開けていて、簡単に通りぬけることができたけれど、いまは背の高い草が繁って、それが時の流れ

チェネガ島のかつてのキャンプ地を背景にシャチが泳ぐ。

を伝えていた。いまは、草をかきわけて進まなければならない。しかし、あたりにアラスカの夏を飾るヤナギランが咲き誇るさまは、一五年前を思わせた。

ぼくは浜に戻って、しばらく海を眺めていた。入り江には、以前と同様カラフトマスが群れ、かつてのキャンプ地のそばを流れてこの入り江に注ぎこむ流れに、遡りはじめている。

一五年前にここですごした日々を思いうかべていたときだ。沖にシャチの背びれが浮上するのが見えた。それは、まるでデジャブのように、かつてここでシャチとの濃密な時間を持つことができた一日のはじまりと重なりあって見えた。

ぼくはすぐにボートを出し、アレクサンドラ号に戻ると、ブラッドに船を出してくれるように頼んだ。シャチの群れは分散して、チェネガ島の南岸に沿って東に、プレアデス諸島にむかって泳いでいく。この動きも、一五年前とまったく同じだ。

もし違う点があるとすれば、いまではアラスカ沿岸にすむシャチが、ジョンストン海峡でおこなわれているのと同じ方法で個体識別され、ここでも生態研究が精力的になされていることが——研究そのものはずっと以前からはじまっていた——広く知られるようになったことだ。この湾のシャチについて、一頭一頭見分けながら観察できる素地は出来あがっている。

アレクサンドラ号は、すでに一群のシャチに追いつきはじめていた。ジョンストン海峡のシャチと違って、ぼくにはほとんど新たな面々であり、目の前の一頭一頭を、すでに撮影・記録されてい

かつて星野さんとキャンプをした入り江に、15年ぶりに上陸した。

記憶のなかの風景そのままに、入り江にカラフトマスが跳ねる。

夕暮れに戯れるシャチ。

る写真と見くらべなければならない。

ＡＢポッド——ブラッドも、たぶんそうだろうという。プリンス・ウィリアム湾では、もっとも頻繁に目撃されるレジデントのポッドのひとつである。

ところで、プリンス・ウィリアム湾を中心にアラスカ沿岸にすむシャチの、個体識別の研究を中心になって進めるのはクレッグ・マトキン博士で、ぼくがこれまで南東アラスカで出会い、撮影した写真は、クレッグに送っている。一五年前にプリンス・ウィリアム湾でいっしょにすごしたシャチがどの個体であれば興味深いかと、クレッグに見てもらったのだが、残念ながらわからなかった。

個体識別のためには、背びれと背びれの後方の白い模様の形を正確に見くらべられるよう、真横から写真を撮影しなければならない。しかし、当時のぼくたちがあの遊び好きなシャチと出会ったときには、そんなことに頭が回らず、写真もそこそこにボートの上でただひたすら楽しんで終わっていたからだ。

そのとき撮影した写真を見てみると、ボートを追って泳いでくる顔であったり、海面で体を横にたおして、一方の胸びれで水を打ちつけていたりと、写真としては楽しいものである。しかし、個体識別という作業にはまったく不むきなものばかりだった。

ただ、クレッグとの会話のなかで、ひとつ興味深い話が浮上した。

エクソン・バルディーズ号の事故の前、ＡＢポッドはいま以上に湾で頻繁に目撃されていたポッ

戯れる若いシャチたちが、近づいた船にむけてそろって顔をあげた。

ドで、とりわけ観光船やボートに近寄ってくる、フレンドリーなポッドとして知られていた。なかでもAB8と名づけられた若い雌は、クレッグたちのボートの真下や真横にぴったりとついて泳ぎ、ボートの上の人びとをしばしば楽しませたという。

このシャチは、しばしば回るスクリューのすぐ後方を泳いで、顔に渦や泡を受けるのを楽しむ癖があった。クレッグらは、その奇抜な行動をジャグジーに入るようすにたとえて、AB8を「バブル」というニックネームで呼んでいた。

一五年前にぼくたちのボートと戯れた雌のシャチの話をすると、クレッグは「バブルかもしれない」という。ならば、このABポッドとの出会いは、一五年目の再会になる。

たしかに当時、子どものシャチもまじっていたから、彼らがいま大人になって、群れのなかにい

船のへさきを泳ぐ。

るのかもしれない。そう思うと、かつて出会った群れの、できるだけ多くのシャチの個体識別ができるような写真を撮っておかなかったことが悔やまれるのである。

＊

フレンドリーなＡＢポッドは、エクソン・バルディーズ号の原油流出事故によって、大きく運命を変えたポッドでもある。

クレッグによれば、三月三一日（事故の六日後）、海面にのびる原油はナイト島の南まで流れてきていたが、かろうじて油がない海面に、事故後はじめてＡＢポッドを発見したという。事故が起こる前、ＡＢポッドには三六頭がいたが、このときに確認できたのは二九頭だけだった。ちなみに一ポッド三六頭という多い個体数は、レジデントのポッドにきわめて特徴的なものである。

クレッグたちは、ほかの七頭が別のところで無事にいてくれることを願うだけだった。しかし、気がかりだったのは、未確認ながら、事故当時タンカーの近くに一群のシャチがいたという情報がもたらされていることだった。

その後数か月にわたる調査から、結局七頭は事故のときに死んだものと判断せざるをえなかった。あるものは、海面を厚くおおった原油のなかで、息もできずに命を落としたのだろう。

その後、翌一九九〇年までにさらに六頭が死に、ＡＢポッドは二三頭にまで数を減らした。姿を

プリンス・ウィリアム湾のシャチの研究をつづけるクレッグ・マトキン博士。

消したシャチのなかには、小さな子どもも、あるいは小さな子どもを残した母親も、そしてバブルもいた。ＡＢポッドは、二年たらずの間に、三六頭から二三頭へ、三分の二以下の数になってしまった。

その後、一九九一年になって、事故後はじめての子どもが誕生、九二年には、二頭の子どもが誕生して、少しずつ個体数を増やしはじめている。事故のあと、プリンス・ウィリアム湾の外側にあたるキーナイ・フィヨルドですごすことも多かったが、いまは以前と同じように、湾内でも頻繁に目撃されると同時に、観光船などにむけて親しさを発揮しはじめている。

いまアレクサンドラ号の前方を泳ぐシャチたちは、かつて油まみれになったプリンス・ウィリアム湾と、そのなかで死んでいった仲間のことを、

浮上、そして噴気。

記憶にとどめているのだろうか。そのときぼくの目には、そんな重大な事故があったことを想像することさえむずかしい、光に満ちた夏のアラスカの光景が広がっていた。

シャチをめぐる軋轢《あつれき》

ほんとうに久しぶりに旅したプリンス・ウィリアム湾は、文字通りシャチの海であった。ぼくは今後可能な限り、毎年この海でシャチの群れを追ってシャチの観察をすることに決めた。

ぼくたちがシャチの群れを追ってアレクサンドラ号を走らせているとき、すれちがったサケ漁船がUターンして、ぼくたちといっしょにシャチ・ウォッチングを楽しむ光景に何度も出会ったのが印象的だった。

かつてはサケ・マス漁の漁師たちが、シャチを自分たちの獲物を食い荒らすものとして嫌った時期はあったけれど、その軋轢はすでに過去のものになった。多くのイルカやクジラが、漁網にかかって網を傷めるなかで、漁師たちはシャチがほとんど網にかからず、うまくよけて泳ぐ能力に一目おく。同時に、サケやマスを食べるトドやアザラシをシャチが襲うことが、漁師たちのシンパシーにつながっているのかもしれない。

しかし一方で、プリンス・ウィリアム湾には、複雑な思いでシャチを眺める漁師たちがいることも事実だ。

サケ・マス漁以外にもプリンス・ウィリアム湾では、ギンダラ、マダラ、オヒョウなど底魚を対象にした底延縄《そこはえなわ》漁がおこなわれている。深さ五〇〇〜八〇〇メートルほどの海底に、二メートルおきに釣り針をつけたロープを、二〜四キロにわたって沈めてしばらく放置したあと、ふたたび引きあげる方法である。その釣り針にかかった獲物を、シャチが狙う。

しかしシャチたちは、釣り針がしかけられる水深五〇〇〜八〇〇メートルもの海底まで潜っていくわけではない。海底からのびた延縄の端は、ブイにつながれて海面に浮かび、漁船はそこから何キロもの延縄を引きあげはじめる。シャチたちはそのときに漁船の近くに集まって、引きあげられてくる獲物を横取りすることを覚えたのである。

引きあげられる魚たちが起こす振動

アレクサンドラ号のクルーを務めるジョン。
本業は整形外科医だ。

漁師たちがシャチ・ウォッチングを楽しむ。

を感じて近寄ってくるという漁師もいるが、ウィンチが回りはじめるとどこからともなくシャチが現われることから、延縄を巻きあげるウィンチが回る音を、エンジンやその他の機械音から聞きわけているとブラッドたちは考えている。いったんシャチの群れが現われると、一回の漁で獲れる、商業価値のあるほとんどすべての魚が、シャチにとられてしまうことも少なくない（ちなみに、最近プリンス・ウィリアム湾外側のアラスカ湾では、マッコウクジラによる同様の漁業被害が報告されるようになった）。

ベーリング海など北洋の漁業では、かなり以前から、シャチによる延縄漁の被害は報告されていた。しかし、プリンス・ウィリアム湾でこの類の漁業被害が報告されはじめたのは、一九八五年のこと。それを最初にはじめたのが、好奇心に富んだABポッドらしい。その後、湾に姿を現わす多くのシャチの間に急速に広がった。シャチが仲間の行動から、この手軽な狩りの方法を学んだのである。

延縄にかかる魚のなかでもシャチは、おいしい——人間にとっても商品価値の高い——ギンダラとオヒョウを中心に食べて、価値の低い魚をそのまま残していく。こうした漁は、湾内にサケやマスが少ない春と秋におこなわれてきたために、シャチの興味はいっそう延縄漁の獲物に集中したのだろう。

当時、怒りにかられた漁師が、漁のときに現われたシャチを、銃で撃つ事件も起こった。何頭かのシャチの背びれに、銃弾が貫通した穴が確認されたのである。撃たれたシャチは、その場で死ぬことはなかったけれど、多くがその後の傷からの炎症や壊死がもとで死んだという。もちろんＡＢポッドのメンバーも含まれていた。

以前は、シャチたちは獲物の頭だけを残して、胴体だけをくわえとっていた。獲物の魚の口には釣り針がかかっており、魚の頭ごと食べると、自分にも釣り針がかかってしまう危険があるからだが、最近は頭さえ残さなくなった。シャチたちは口のなかで、釣り針を外す術を覚えたのかもしれない。

シャチによる漁業被害は、プリンス・ウィリアム湾で当分つづくだろう。「しかし……」と漁師でもあるブラッドは言う。

「シャチが銃で撃たれるような事件はあってほしくない」

漁船が音を出してシャチを驚かせるなど、さまざまな方法が考えられたが、いずれもがシャチにとってはお見通しで、漁業被害を少なくする実質的な効果をあげていない。いまでは、底延縄漁を、湾内にサケやマスが多い夏におこなうことも検討されている。

サケの群れを追う。

サケをめぐる断想

アラスカからカナダ太平洋岸にいたる北米北西岸の自然——生態系——や文化を考えるとき、サケ・マスの存在をぬきにしては語れない。

初夏から秋まで、キングサーモン（マスノスケ）、ベニザケ、サケ（シロザケ）、カラフトマス、ギンザケが、それぞれ好みの流れを選び、少しずつ時期をずらしながら、産卵のために川を遡りはじめる。グリズリーやアメリカグマにとって、産卵のために川を遡るサケやマスは簡単に捕らえることができる、夏の欠かせない食料源であることはいうまでもないが、この土地に古くから住む人びとも、この豊富な資源を糧に暮らしを成り立たせるとともに、豊かな精神文化を築いてきた。

海生哺乳類にしても、トドやアザラシは、とりわけ夏にはサケ・マスを主な食料源とする。そして沿岸のシャチでは、豊かなサケやマスを糧にして、アザラシやイルカなど大型の哺乳類を襲わない「レジデント」と呼ばれる個体群さえ登場した。

動物にとっても狩猟民にとっても、猟の獲物は、出会える保証のないなかで彷徨《ほうこう》した末に、手に入れられるものといっていい。それに対して、季節が来れば、間違いなく川に遡ってくるサケやマスの群れは、暦にあわせて収穫できる農作物に近いといっていい。

農耕によってはじめて生みだされた余剰の蓄積が、人間に文明をもたらした。一方、北米北西岸の先住民たちが、夏にたっぷりと獲れるサケやマスを、干物や燻製にして長期にわたって保存することで、豊かな精神文化を築きあげたのは、世界のなかでも特筆すべきことである。

もちろんサケ・マスだけではなく、まわりにある針葉樹の深い森も、人びとの暮らしや文化をささえた。森のなかで、枝もたわわに実るベリー類は、漁獲物とともに欠かせない食物源になったし、何より、トウヒやツガの巨木は、人びとにすまいや海を渡るカヌー、それに彼らの精神世界の表出であるトーテムポールや、同様に自分たちの出自を示す動物たちを象ったマスクの材料を提供した。

しかし、森もまた、川を遡上する豊かなサケやマスの恵みを享受するものである。流れる川は栄養分を下流へ、海へと押し流すだけだ。それを遡った末に産卵し、そこで自らの生を終えたサケやマスの体は、森の樹々に、また水中のさまざまな動植物に、かけがえのない栄養を提供してきた。

本来草食であるシカでさえ、俗に「ホッチャレ」と呼ばれる、産卵後に死んだサケの体を食べることが知られている。また、クマは川でサケを獲って森のなかへ持ちこむ。クマが食べ残したサケ

流れを埋めつくすカラフトマス。

の体が分解してつくられる栄養分は、川から離れた森にも恵みをいきわたらせることになる。「豊かな森が豊かな海をつくる」という認識は、すでに十分に広まってはいるが、アラスカの海と森は、サケやマスの生活史を通して密接に結びついている。じっさい川を遡るサケ・マスの体は「海洋由来栄養分」と呼ばれ、上流の森やそこにすむ動物の体の一部は、サケやマスが海洋でとった栄養分からつくりあげられている。

たとえば、樹木が地中に深く張った根から吸いあげた栄養分で茂らせた葉を地面に落とすことで、地上の動物たちに栄養分を還元する。あるいは海中深く沈んだ栄養分を、湧昇流《ゆうしょう》が海面近くまで持ちあげ、ふたたび栄養循環のなかへ組みいれる——こうした、大規模、小規模にかかわらず地球上に見られる「栄養ポンプ」とも呼べる循環こそ、この惑星に成立した豊かな生命圏をもっとも象徴する現象だといっていい。

自然のなかで営まれる出来事について、科学はひとつひとつ興味深い事実を明らかにしてきたが、あまりに複雑な循環のさまを、すべてぼくたちが理解できるのは、けっして近い将来ではない。ぼくたちのほんとうの知性は、知らないことを認めることからはじまる。

じつは、開発と呼ばれる一見多様な産業活動は、おしなべてこの循環を断ち切るものである。それは、荒波や強風、さらには暑さや寒さを、コンクリートと鉄の頑丈な壁でおさえこんでしまう発想といってもいい。

荒波や強風を考えれば、この人間がとった戦略はある程度成功してきたように見える。しかし、いつの場合も、予想を越える規模の荒波や強風など自然の猛威はあり、そのたびに大きな被害を経験してきた。一方、暑さや寒さを遮断する方法は、膨大なエネルギーを消費することで、汚染や広範な温暖化をもたらしてしまった。そして、温暖化という地球規模の気候変動は、ハリケーンにせよ干魃《かんばつ》にせよ、これまでかろうじてコンクリートと鉄の壁によって閉じ込めようとしてきた自然の猛威に、さらなる力を与えるという皮肉な結果を生みだしつつある。

残念ながら、いまの壊されつつある地球環境を回復させる特効薬は、誰も持っていない。川の流れを人工物でとどめることなく、家ではときに冷暖房に頼ることなく、窓を開け、外に流れる風を通す。こうした行為から生みだされる発想のなかにこそ、答えがあることは間違いないのだろう。

アラスカやカナダの太平洋岸に住んだ先住民にとって、サケは利用すれば終わりになる存在ではなかった。祖先の夢のような時代、動物は人間とずっと親しい、密接な関係にあった。その頃人は、動物を人と同じ姿で見ることができた。そしてアニマル・ピープルが自分たちの祖先に狩り場を、サーモン・ピープルは漁場を教えたのである。

サーモン・ピープルは、人びとにごちそうを提供するために流れを満たす。人々が食べたサケの骨を川に返すのも、そのサケがサーモン・ピープルの家に無事に帰ることができるようにするためだった。そうしなければ、次にふたたび川に帰ってくることができない。こうした考えは、先に紹

雨が少ない夏、遡上する流れを失った群れ。

介したように、栄養循環のさまが明らかになるにつれて、新しい意味をぼくたちに提示してくれているようにも思える。

たとえば、いまアラスカの海で、人間の行為が思わぬ影響をおよぼしている。北太平洋に広く分布するトドの個体数が近年激減しているのは、彼らの餌になるサケの量が減っているからと考えられている。

この話題はこれで終わらない。トドの減少は、今度はそれを食べていたトランジエントのシャチの食生活まで変えたようで、シャチたちはより多くラッコを襲うようになった。ラッコは海藻の森でウニや貝などを食べるが、ラッコがシャチに多く食べられてしまうと、ウニが多くなって海藻の森を食い荒らしてしまう。もちろんアラスカ中の海でというわけではないが、人間がサケを獲りすぎることで、海藻の森がウニによって食い荒らされるという奇妙な連鎖が、海のなかで起きている。

ぼくたち人間が多少自然を理解するようになったからといって、自分たちの行為がもたらすすべての出来事を予想しうるほど利口ではない。だからこそ、本来循環しているものは、循環させつづける発想のなかで答えを見いだすべきなのだろう。

サケ・マスの人工孵化事業は、水産業者に、さらにはそれを利用するぼくたちに、大きな利益をもたらしたことは間違いない。しかし一方で、本来ならば彼らが川を遡り、死んだあとに恵みをもたらしたはずの上流の森に還元される方法が考えられるべきである。

一期一会の風景

とはいえ、サケ・マスの年ごとの消長、増減はそれなりにある。膨大な数のサケ・マスが川面を満たして遡上するある夏の光景が忘れられず、翌年同じ時期に訪れてみると、数えるほどしか見られない魚影にがっかりしたことも少なくない。自然のなかで出会う光景は、いつも一期一会と思わなければならない。

二〇〇五年の夏、プリンス・ウィリアム湾に注ぐ川を遡上するサケやマスの量は、それまでの数年にくらべて、格段に多かった。湾に注ぎこむ川という川、流れという流れを、

トーテムポールに彫られたサケ。
サケは先住民の精神世界にも深く入りこんだ。

ベニザケ。遡上をはじめると体は紅色に変わる。

カラフトマスが埋めつくしていた。それに、夏がはじまったばかりの頃は、例年にくらべ雨が多かったのだが、七月末あたりから雨はむしろ少なくなって、盛夏には川の水量はずいぶん減っていた。そのために、多くのカラフトマスが、川幅が狭く、浅くなった流れをぎっしりと満たす光景が、いたるところで目についた。

場所によっては、川の浅くなりすぎた場所を越えられず、その手前でぎっしりとカラフトマスが重なりあう光景もそこここで見られた。そのときの印象はたいへん強いもので、もし水中用の撮影機材を持っていたら、いろいろとすごい光景が撮影できたはずだと悔やんだものだ。

ぼくはこの取材から帰ったあと、翌年の夏には、川を満たすほどのサケやマスの群れの迫力のある写真にできればと、それにふさわしい水中撮影のための道具を準備しはじめた。

ようやく一年がすぎ、二〇〇六年の夏を迎え、アラスカに撮影に訪れたときだ。この年は、夏のはじめから、いつもとようすがちがっていた。

例年なら、川への遡上をひかえたサケが、入り江のいたるところで海面に跳ね、銀鱗を躍らせるのだが――そうすることで、腹のなかで卵をばらばらにして、産卵しやすくするのだと漁師たちはいう――その姿が見られない。出会う漁師の誰もが、サケが来るのが遅れている、といった。

ぼくは、夏が深まるとともに、サケやマスが押し寄せるのを心待ちにしながら、取材をつづけていた。しかし、八月に入っても、魚群が川を満たすことはなかった。

さらにこの夏は、ずっと雨の日がつづいたために、どこを訪れても、増水した川にわずかなサケが泳ぐ、写真家としてはあまりありがたくない光景にしか出会えなかった。

湾を訪れるサケやマスの数が少ないことは、レジデントのシャチが内海に姿を現わす機会も少ないことを意味する。シャチたちは、外海ですごす時間が長くなって、ぼくたちが観察できる機会も少なくなる。

ぼくは、この年予定していた写真の多くを、二〇〇七年以降の課題として残した。そのうちのあるものは、近い将来に撮影できるだろう。しかし、ぼくの記憶のなかに強い印象とともに残りながら、二度と撮影することはおろか、見ることもできない光景もあるにちがいない。

サケ・マスの消長にせよ、気候の変動にせよ、ぼくたちが経験するあらゆる変化について、これまで自然のなかでふつうに起こっていた可逆的な変動なのか、人間の産業活動がもたらした不可逆の変化なのかの判断はむずかしい。ひとつひとつの変化に、過剰な反応はしたくないけれど、無頓着でいるわけにもいかない。

冷静であること、そして敏感であること——これまでぼくが自然を相手に仕事をして得た、最大の教訓といえるかもしれない。

夏の終わり。

変わるものと変わらないもの

ぼくが最初にアラスカの海を旅してから、二五年がすぎた。その間、いろいろな変化を目にしてきた。そのなかには、可逆的なものもあれば、不可逆なものもある。

不可逆な変化の最たるものは、氷河の後退だろう。それはいまにはじまったことではなく、およそ一万年前に最後の氷河期が終焉して以降、徐々に起こってきたことではあるけれど、二〇世紀に入ってから、さらにいえば、この十数年に起こった後退のさまは、すさまじいものである。

わずか一〇年ほど前、南東アラスカのある氷河で、海に押しだされる氷壁を撮影するために、ボートから乗り移った岩があるのだが、いまでは氷河は後退して、その岩から氷壁は見えなくなった。はっきりとした数字をあげれば、驚きは倍増する。

プリンス・ウィリアム湾に注ぎこみ、観光の名所にもなっているコロンビア氷河では、海に押しだされる最前面の氷の厚さが、一九五〇年代から九五年までのおよそ四〇年で約三〇〇メートル薄くなったのに対して、一九九五年から二〇〇〇年のわずか五年間で一五〇メートルも薄くなった。

ニシンの群れが減っていることも、不可逆な変化のひとつにあげていいかもしれない。その要因のひとつに、過去にも見られたような自然な消長はあるのだろうが、大勢はやはり人間が獲りすぎた結果によるものだろう。もしこのままアラスカ沿岸のニシンが減りつづけるならば、夏に南東アラスカを餌場にするザトウクジラの回遊ルートや採餌行動さえ、大きく変わってしまう可能性もある。

こうした地球規模の変化に、いったいぼく自身は何ができるのだろう。消費的な暮らしを見直してできることはそれなりにある。そして職業人としては、これまでにアラスカをはじめとする地球の各地で目にしてきたこと、これから目にするで

カトマイ湾で。

あろうことを、しっかりと記録し、伝えることだと思う。

ぼくの人生のなかで、あとどれくらいの年数、野外で取材活動ができるかはわからない。しかし、時間が許す限り、変わりゆくアラスカをはじめ地球上の出来事を――ぼく自身のバックグラウンドからいえば、海洋環境に限られるだろうが――自分の目で見て記録をしておきたい。

ブラッドの所有するアレクサンドラ号は、ほんとうにこぢんまりとした船だが、もともと荒海でも操業できる漁船であり、外海でもそれなりに航海ができる。ぼくはプリンス・ウィリアム湾を旅するようになって三、四年目から、この船を使って、アラスカのさらに広い海岸線を旅することができればと考えていた。目的の場所のひとつは、アラスカ州が太平洋に突きだしたアラスカ半島の沿岸である。さらに、近い将来事情が許せば、その先につづくアリューシャン列島も視野のなかにある。

この新たな取材地への旅は、二〇〇六年六月にはじまった。この旅の出発点を、ぼくはアンカレジの南、キーナイ半島の先端に近いホーマーの町に決めた。

アラスカ半島へ

ブラッドは、ぼくたちがホーマーを出発すると決めていた日にあわせて、ふだんはプリンス・ウィリアム湾のウィテアーに係留されているアレクサンドラ号を、ホーマーまで回航してくれていた。キーナイ半島をぐるっとまわるこの回航だけで、二日間はかかったはずだ。

ホーマーからクック湾(その最奥にアンカレジの町がある)を横断すれば、アラスカ半島の付け根あたりにある、カトマイ国立公園の海岸線にたどりつく。カトマイ国立公園へは、釣りをしたり、有名なブルックス滝でグリズリーがサケを獲る光景を見たりするために、たいていはアンカレジから水上飛行機を使って、公園内の湖を玄関口に、多くの観光客が訪れる。

しかし、今回のぼくたちは、海岸線に沿っての旅になる。あとは、時間が許す限り、沿岸に散在する入り江を探索しようという計画だった。

ホーマー出航当日、風が南から吹いていたので、クック湾を横断すれば横波を受けつづけることになる。ブラッドの判断で、ホーマーから南へ、コディアック島を主島にしたコディアック群島の北端にあるシュヤック島にむかうことにした。そこで風がおさまる気配を見せるなら、コディアック島と半島の間のシェリコフ海峡を横断して、半島の沿岸にたどりつこうという思惑である。

結局、シュヤック島にわたってから三日間、強い風が吹きつづけたために、ぼくたちは半島側にわたることをあきらめて、コディアック群島の沿岸を探索してまわった。予定外の行程ではあったけれど、それはそれで、将来の取材にむけた貴重な調査旅行でもある。できれば、ヒグマのなかで

グリズリーが集まる浜。

は最大といわれるコディアックグマを一目見ておくのもいい。

シュヤック島での四日目、風はようやく止んだ。朝から半島にむけてアレクサンドラ号を走らせはじめる。海峡は幅五マイル（海哩）、たかだか九キロだが、風が吹けば全長わずか一二メートルのアレクサンドラ号には、結構な冒険になっただろう。

行く手に、アラスカ半島の急峻な山やまが描く稜線が、空を縁どりはじめている。アラスカ半島は、その先のアリューシャン列島がそうであるように、火山性の土地である。カトマイ国立公園のなかだけで一五ある火山のいくつかの峻峰が、鋼青の空に向かってそびえるのが見えた。

＊

海峡を横断する途中で、ザトウクジラの噴気がいたるところであがる光景に出会った。十数頭から二〇頭くらいがひとかたまりになった群れが、そこここに散らばっている。視界のなかに、おそらくは二〇〇〜三〇〇頭のザトウクジラがいたのだろう。

ぼくたちは先に進むのをやめ、予定外のホエール・ウォッチングを楽しむことにした。

魚群探知機は、水深五〇〜六〇メートルあたりに、ニシンと思われる魚群の厚い層を映しだしている。潮の流れや水温のせいもあって、ニシンがこのあたりに濃密な群れをつくり、それを求めてクジラが集まっていた。

ひとかたまりになったザトウクジラは、動きをそろえ、浮上するときにはたてつづけに噴気をあ

2頭の子グマを連れたグリズリー。雄グマの接近をきらって森のなかに消えた。

げ、潜るときには全員が尾びれを海面にあげて、海中に消えていく。彼らは、ニシンが群れる深さまで潜っていくのだろう。

ニシンを求めて姿を見せているのは、ザトウクジラだけではなかった。ザトウクジラよりもずっと背が長く、小さな鉤状の背びれを見せるのはナガスクジラである。彼らは二、三頭がいっしょになって、ザトウクジラの間を泳ぎまわっている。

海を満たして群れるザトウクジラを、夢中になって撮影していたときのことだ。ファインダーのなかで、重なりあうザトウクジラの背の後方に、海面から高くそびえる背びれが見えた。急いでピントをあわせなおすと、一群のシャチがクジラの群れに接近していた。

マッコウクジラでは、シャチが接近したとき、大人のクジラたちが円陣を組んで、中央においた

ザトウクジラをとりまくようにシャチが泳ぐ。

子クジラをまもる行動が知られている。このときザトウクジラは、それまで以上に密集した隊列をなしたように見えた。いくらシャチでも、自分の何倍もあるクジラが密集すれば、簡単には手が出せないのだろう。

このときぼくは、船を、密集したザトウクジラの群れにつけるか、シャチの群れにつけるかの判断をしなければならなかった。両方を見つづけたいのはやまやまだが、そうもいかない。広い海上では、目を離せば、すぐに見失ってしまうのが常である。ぼくは、シャチの観察をあきらめて、これまで目にしたことがないほどに密集したザトウクジラを、継続して観察することを選んだ。

しばらくザトウクジラのまわりを泳いだシャチは、やがて視野から消えた。ぼくたちは、これまで見たことがないほどの密度で群れるザトウクジラについて、船を走らせていた。

しかし、シャチはその海域から泳ぎ去ったわけではなかった。ザトウクジラをとらえようとするぼくのファインダーのなかに、彼らはふたたび姿を見せた。こうして何度か、シャチの群れは、あえて彼らを追うわけではないぼくたちの目の前に現われて、ザトウクジラのまわりを泳いだ。

シャチが泳ぐ光景だけで、それが魚だけを食べるレジデントか、アザラシやイルカ、ときにはクジラをも襲うトランジエントであるかを判断するのはむずかしい。しかし、背びれの後方の白い模様が背びれの前縁近くまで前方にのびるのは、アラスカの海で見られるトランジエントの特徴である。

ザトウクジラの群れのなかには、その年に生まれたと思われる小さな子クジラもまじっている。あるいはシャチたちは、子クジラがふいに大人のクジラたちから離れる瞬間を待ちつづけているのかとも思った。

しかし、この日は結局何事も起こらないままに夕暮れを迎えた。あまりのザトウクジラの密度に、ぼくはそこから立ち去るのがためらわれた。

その日の夕方は、来た道を戻って、島の一番近い入り江に停泊、翌日も同じ海域を探索することにした。そして、翌日もまた、同じように密集したザトウクジラの群れを、あきることなく眺めた。

*

この航海は、旅のはじまりから長びいた風と、思わぬザトウクジラの群れの出現に、相当の日数を消化して、本来の目的であったアラスカ半島行きは、その付け根の探索だけで終わった。それでも、連なる入り江や海岸に上陸するたびに、川面を満たして流れを遡るサケの群れや、グリズリーに出迎えられたのである。

今後何年間かをかけて、アラスカ半島をさらに西へ旅しようと思う。これまでも、それぞれの瞬間に目にした光景が、いつもそこにあるものではなく、そのときどきにしか出会えないものであったことは数えきれない。今後はさらに大きく変わりゆく地球環境のなかで、あらゆる風景を、これまで以上に一期一会の思いのなかで眺めなければならなくなるだろう。

ぼくたちの旅は、ときに穏やかに、ときに時化《しけ》る海を押しわけながら船が進むのに似ているかもしれない。行く手にどんな波が待ち受けているかを思いながら舵をにぎり、後方では、その航跡がしばらくは海面に残りながら、いつの間にか、わたる波のなかに溶けこんで、かき消されていく。それでもぼくたちが旅をする意味があるとすれば、一瞬でもわきたった波が、舟人の記憶のなかにとどめられるように、目にしたものを撮り残し、書き残し、語り残すことで、かつてそこにあった風景を、地球の記憶としてとどめられるからかもしれない。

アラスカ

二〇〇七年七月　十　日　初版印刷
二〇〇七年七月十五日　初版発行

著　者　水口博也《みなくちひろや》
発行者　早川　浩
発行所　株式会社　早川書房
郵便番号一〇一‐〇〇四六
東京都千代田区神田多町二‐二
電話　〇三‐三二五二‐三一一一（大代表）
振替　〇〇一六〇‐三‐四七七九九
http://www.hayakawa-online.co.jp

印刷所　中央精版印刷株式会社
製本所　中央精版印刷株式会社

定価はカバーに表示してあります
ISBN 978-4-15-208834-5　C0095